現代社会学ライブラリー 3

共に生きる
多民族・多文化社会における対話

塩原良和
Yoshikazu Shiobara

Library of
Contemporary
Sociology

弘文堂

共に生きる｜目次

序章 高度近代における自己と他者……6
1. コンサルタント
2. 存在論的不安とフレキシビリティ
3. リフレクシビティ
4. 想像力と被害妄想

第1章 多民族・多文化社会としての日本……20
1. ニューカマー
2. 多文化共生と単一民族神話の共謀
3. 同質性と共通性
4. 総中流幻想と単一民族神話の連関

第2章 日本人というマジョリティ……34
1. 先住民族としてのアイヌ
2. 「郷に従う」のは誰か
3. 「あたりまえ」という特権
4. 水に流せる／流せない人々
5. 和解と連累

第3章 マイノリティと差異……50
1. 多文化共生とオリエンタリズム
2. 文化本質主義とハイブリディティ
3. 差異の固定化とポジショナリティ
4. アイデンティティ・ポリティクス
5. 「聞いたつもり」にならないために

第4章 多文化主義の台頭とその批判……65
1. わかりあえない人々？
2. 同質化・差異化・標準化
3. 分裂の論理という幻想
4. シティズンシップと自己決定

第5章 公定多文化主義──統合と管理の論理………78
1. マイノリティの要求の制度化と管理
2. 多様性を管理するのは誰か
3. 寛容の限界
4. バランスをとるのは誰か

第6章 ネオリベラル多文化主義
──選別と排除の論理………88
1. 「役に立つ」人々
2. ミドルクラス多文化主義の台頭
3. ネオリベラル多文化主義の出現
4. 「助っ人」と「帝国」の多文化主義
5. グローバルな「庭」への誘惑

第7章 「流される」不安とグローバルなリアリティ………100
1. 「荒野」の住民たち
2. 不要とされる不安
3. 少数者の恐怖
4. 「庭」と「吹き溜まり」の多文化共生

第8章 「やむを得ない措置」という陥穽……110
1. 「不法」という他者
2. 予防的排除
3. ゼロ・トレランスとワイルドゾーン
4. 超法規的措置の常態化
5. 「社会実験」としての排除

第9章 支援する根拠について……128
1. バックラッシュの気配
2. 「日本人」と「外国人」の二項対立的思考
3. 日本人と同じに見える子ども
4. 社会関係資本としての「つながり」
5. 社会的包摂という共通の課題

第10章 コスモポリタン多文化主義
―― 「変わりあい」としての共生……143
1. 外国人住民からの呼びかけ
2. 会話と対話
3. 「分かりあい」から「変わりあい」へ
4. 越境人から対話人へ
5. 「居場所」を共有する他者
6. 対話と熟議

終章 怒りと対話について……159
1. 怒らざるをえない人々
2. やり場のない怒り
3. ケンカするほど仲が良い

序章 高度近代における自己と他者

1．コンサルタント

　いま、私は大学で社会学を教えている。しかし教員になる前、ほんの短いあいだ民間企業で正社員として働いていた。研究者になりたくて大学院の修士課程に進んだものの、自分の実力に自信がもてなかったのだ。そのまま博士課程に進めば、博士号を取れたとしても30代になる。もし大学教員になれなかったとしたら、他の道に進もうとしてもつぶしが利かない。そんな「不安」が日に日に増していった。結局、不安に耐えきれずに博士課程には進まず、民間企業や官公庁にコンサルティングや調査提言を行う会社に就職した。この個人的でささやかな人生の選択が、現代における労働のあり方の変化と関係していると気づいたのは、ずっと後になってからだ。

　フォーディズムと呼ばれた産業化の時代、科学的労働管理と流れ作業によって生産された製品を消費できるように、人々の購買力を高める必要があった。そのため企業は労使交渉をつうじて労働者の長期雇用と賃金上昇を保障し、政府はケインズ主義にもとづいて労働・社会福祉政策を充実させた。しかし大量消費社会が実現して人々が豊かになると、消費の拡大のために商品に象徴的な差異を付与して付加価値を増加させ、消費者の欲望を喚起しなければならなくなった。そのためには、多様な製品を比較的安価に生産する体制がなければならない。ポスト・フォーディズムと呼ばれるこの体制では、市場の変化に即応可能な生産工程、作業能率の向上、在庫の圧縮に

よるフレキシブルな生産様式が追求される。また人件費コストを最適化するために雇用期間が短期化・不安定化し、新しい商品を生産するための新たな技能を速やかに習得するフレキシブルさが労働者にも求められるようになる。

リチャード・セネットによれば、こうした「新しい資本主義」における労働では、特定の職務や技能にこだわり「それ自体をうまくおこなうことを目的として何ごとかを行う」という「職人芸」の精神は敬遠される。代わりに重宝されるのが、「コンサルタント」に体現される精神である。それは常に最新の知識を携えながら転々と職場を変え、ひとつの職場に過度の愛着や忠誠をもつことなく、その職場で長い間かけて蓄積された経験や人間関係とは無関係に、ひたすら「問題解決」を提案し、目に見える「成果」を生み出し続けようとする。現代における労働ではこうした「戦略的」思考法が重用される、とセネットは述べる[1]。

「職人芸からコンサルタントへ」という労働観の変化の背後には、社会において必要とされる知識のあり方の変化がある。脱工業社会では、経済の中心がモノの生産からサービスの生産へと移行する。その結果、社会における知識の価値がますます大きくなり、専門職・技術職従事者のブルーカラー労働者に対する優位性が強まる。だがこうした知識は「軽薄短小」であり、技術の進歩とともにすぐ古くなってしまう。それゆえ人々はつねに自分の知識をアップデートしていなければならない。激しく変化し不確実になっていく現代社会に生きる私たちは、自分の知識や技能が古くなっているのではないか、自分が不要な存在になっているのではないかと絶えず不安を感じ、それを解消するために新しい知識を仕入れ続ける。「長老の知恵」

---

1 リチャード・セネット（森田典正訳）『不安な経済／漂流する個人―新しい資本主義の労働・消費文化』大月書店、2008年、87-134頁.

など無用なのだ。コンピュータもろくに操れない年寄りに、世界金融危機を回避する術を教わろうとしても無駄ということになる。かくして私たちはますます、知識は常に最新でなければならないと信じるようになっている。しかもその知識は、それを追求することで充足感をもたらしてくれる職人芸的な知識、いわばハードディスクやDVDに蓄積されて長期的に保存される知識ではない。むしろ必要なときにメモリに保存されて素早く処理され、不要になったら邪魔にならないように消去されるコンサルタント的知識である。

当時の私が感じたのは、狭い学問的知識を深く極める職人芸の世界そのものにみえた大学院にとどまり続けることに対する不安だった。そこから逃れるために私が選んだ職場がリサーチ・コンサルティング会社だったことは、まさに社会学的帰結だったのだ。

2．存在論的不安とフレキシビリティ

知識を絶えずアップデートしなければならないと私たちが思い込むのは、社会が絶え間なく急激に変化しているからである。こうした現代社会のあり方をジークムント・バウマンは「リキッド・モダニティ（液状化する近代）」と呼んだ[2]。それは中央集権的な国家機構が国民の活動や経済を管理していた「ソリッド・モダン」の時代から、あらゆる制度・組織・生活様式が流動化・不安定化し、絶えず変わっていく「高度近代（後期近代）」への変化である。

高度近代においては、国家（国境）をはじめ、都市、コミュニティ、家族などのあらゆる境界が解体し再編される。このうち国家の自律性が低下し、世界が経済・社会・政治・文化的に一体化していくのがグローバリゼーションと呼ばれる状況である。そして経済のグロ

---

2 ジークムント・バウマン（森田典正訳）『リキッド・モダニティ―液状化する社会』大月書店、2001年．

ーバリゼーションがもたらすグローバル市場の拡大と新自由主義の台頭は、国家の社会保障・福祉政策とその基盤である社会的連帯を急速に解体してきた。デヴィッド・ハーヴェイによれば、「新自由主義とは何よりも、強力な私的所有権、自由市場、自由貿易を特徴とする制度的枠組みの範囲内で個々人の企業活動の自由とその能力とが無制約に発揮されることによって人類の富と権利が最も増大する、と主張する政治経済的実践の理論である」[3]。それは福祉国家・規制国家における硬直した労働・経済システムを、雇用保障・賃金規制の緩和、民営化、減税、社会的中間組織の解体などによって「改革」し、企業の市場における行動をよりフレキシブルにすることを目指す。だがそれは労働者の側からすれば、企業がいつでも好きなときに労働者を雇用し解雇できるという「不安定性」の増大に他ならない。こうして「小さな政府」を目指す「改革」によって社会保障・福祉が削減され、人々の社会的シティズンシップ（第4章参照）が脅かされるようになる。日本でも2000年代に入り非正規雇用労働者の増大、セーフティネットの弱体化、貧困層や社会的格差の拡大といった問題が注目されるようになった。

　貧困や格差だけではなく、現代社会はますます多くの複雑なリスクを抱えるようになっている。にもかかわらず、家族や地域社会が福祉国家の代わりに人々を不安から護ってくれることも期待できない。かつては人々を支えていた家族や地域社会は近代化の進展のなかで弱体化し、複雑化する高度近代のリスクの前では無力なものになってしまった。ウルリッヒ・ベックが主張するように、こうした「リスク社会」において、人々は個人でリスクに対応していくように求められている[4]。バウマンは、この高度近代における社会の「個

---

[3] デヴィッド・ハーヴェイ（渡辺治監訳）『新自由主義―その歴史的展開と現在』作品社、2007年、10頁.

人化」の進行が人々の自己観を変えていくという。ソリッド・モダンの時代では、個人のアイデンティティは青年期のアイデンティティ・クライシスを経たのちに完成し、連続していくと考えられていた。しかし液状化する近代では、アイデンティティは状況に応じて絶えず変化し、つくりなおされるべきだとされる[5]。それゆえ人々は、現在の自己のあり方で良いのだろうかという「存在論的不安」に絶えずつきまとわれる[6]。

この存在論的不安を克服するための呪文が「フレキシブルであれ」である。個人や組織が経済や社会の急激な変化に対応するためには、ひとつの場所や関係にこだわりすぎずに自らの思考や行動を絶えず変化に適応させなければならない、という考え方が力を増していくのだ。私たちは、徹底した個人主義者であることを強いられる。ただし、それはかつてのように安定した自己観に支えられた個人主義ではなく、自己への存在論的不安につきまとわれた個人主義、アンソニー・エリオットらが「新しい個人主義」と呼ぶものである（第7章参照）。周囲の変化に対応して自己を「いますぐ」「絶え間なく」変えていかなければならないという、自己実現の欲望に人々は支配される。それは、自己啓発をやめれば「廃棄」され、社会における自分の存在意義がなくなってしまうのではないかという恐怖でもある。そして自己実現・自己啓発を行い続けることができなくなったとき、人々は無力感・閉塞感にさいなまれる。近年、日本を含む先進諸国でうつ病になる人が激増しているのも、新しい個人主義のあり方と無関係ではない[7]。

---

4 ウルリヒ・ベック（東廉・伊藤美登里訳）『危険社会—新しい近代への道』法政大学出版局、1998年．
5 ジグムント・バウマン（澤井敦他訳）『個人化社会』青弓社、2008年、192-210頁．
6 ジョック・ヤング（青木秀男他訳）『排除型社会—後期近代における犯罪・雇用・差異』洛北出版、2007年、48-49頁．

グローバル化する市場経済は、人々に徹底的にフレキシブルになることを求め続ける。それは労働条件や勤務時間にとどまらない。仕事の内容においても、決められた時間に決められた業務を行う以上の何かを生み出すことがしばしば求められる。リチャード・フロリダが主張するように、今日の資本主義では労働者の「クリエイティビティ」を促進して活用することがますます重要になるのだ（第6章参照）。労働者の能力を評価する基準についても、学歴や数値で表せる業績に加えて、本田由紀が「ポスト近代型能力」と呼ぶ、「人間力」「創造性」「主体性」「コミュニケーション能力」「思考力」などといった、環境の変化に対応して新たなビジネスチャンスや成果を生み出せる「柔軟さ」を測る尺度が重視される[8]。対人サービス職種では、労働者は「うわべだけの」対応ではなく客に対する敬意や共感などの感情を「心から」抱き、顧客に配慮した「柔軟な」配慮でそれを表現する「感情労働」を要求される[9]。そしてあらゆるフレキシビリティを獲得するためには、常に最新の情報を入手し「コンサルタント」的な知のあり方を体得しなければならない。こうしてみると、私が「職人芸」の世界である大学院を見限り、リサーチ・コンサルティング会社に就職したのは賢明な選択だったように思える。

3．リフレクシビティ

　にもかかわらず、私の社会人暮らしは長続きしなかった。私自身に能力と努力が不足していたのがその理由である。民間企業で働い

7　ジグムント・バウマン（中島道男訳）『廃棄された生―モダニティとその追放者』昭和堂、2007年、15-58頁．
8　本田由紀『多元化する「能力」と日本社会―ハイパー・メリトクラシー化のなかで』NTT出版、2005年．
9　アーリー・ホックシールドによれば、感情労働とは「賃金と引き換えに売られ」る「公的に観察可能な表情と身体的表現を作るために行う感情の管理」である．A. R. ホックシールド（石川准・室伏亜希訳）『管理される心―感情が商品になるとき』世界思想社、2000年、7頁．

たことは貴重な経験だったし、上司や同僚にはとても良くしていただいた。だが、セネットのいう「コンサルタント」的な知のあり方への違和感を感じ、それが新たな不安の種になっていったのも事実だ。常に最新のバージョンに更新され、不要になればすぐに廃棄される知識を追いかけていく労働に、意義があるのだろうか。否。その場限りのフレキシブルな知識をいくら追求したところで、自己実現など達成できない。なぜなら、それはあくまでも社会がそうなってくれと自分に要求する「自分」に適応する努力なのだから。自己の存在意義を自分で決めることをあきらめ、社会が決めた自らの存在意義を全面的に受け入れよというのが「フレキシブルであれ」という要請なのだ。しかし現代がリキッドモダンである以上、社会が決める自己の存在意義は常に不確かで流動的である。ということは私が不安を飼い慣らすためには、社会の要請にただ従うのではなく、社会にいかにして要請することができるか、つまり社会をいかにして変えることができるかを考えなければならない。そのためには、まず社会の仕組みについて知らなければならない。こう考えるうちに、あれほど逃げ出したかった大学院での研究が急に貴重なものに思えてきた。社会に適応するのではなく社会に働きかけるために、もっと深く学びたいと思い詰めるようになった。つまり、学者になりたいと初めて真剣に思った。

　社会学者になるために大学院博士課程に入りなおすと、「リフレクシビティ（reflexivity）」という言葉が気になりだした。「再帰性」とも訳されるこの概念は、私たちが現代社会のなかでどうすれば「主体的」でありうるかを考えるうえで重要なキーワードである。リフレクシビティとは自己の以前の行為の帰結をふりかえり、次に行う行為を修正する人間の能力を指す。このリフレクシビティが社会を動かす原理として広く制度化されるのが高度近代の特徴である。ま

たベックが指摘するように、高度近代に生きる私たちは、前期近代における工業化の帰結としてもたらされたさまざまなリスクに対処するために、リフレクシビティを働かせなければならない。だからこそ高度近代とは「自己再帰的近代」なのである[10]。このうつろいやすい時代のなかで、ずっと変わらない「ほんとうの自分」などないとすれば、高度近代における個人の主体性とは、自分がどのように変わるのかを自分自身が決めて、その結果を引き受ける態度以外にはありえない。

　だが自分がどう変わるのかは、実は自分独りでは決めることができない。現代に生きる私たちの自己が変化するのは、他者との絶えざる交渉のゆえだからだ。グローバル化・高度近代とよばれる現代は、従来の境界をこえて他者が激しく交錯しあう時代であり、私たちは他者との関わりによって変わることを宿命づけられている。私たちは自己と他者の再帰的相互作用のプロセスにすでに巻き込まれているのだ。それゆえ液状化する世界のなかでより主体的に生きるためには、他者とリフレクシブに関わりあいながら変化に向き合うしかない。それはつまり、他者との対話と共生の模索ということになる。本書では「対話」を、「他者との相互作用を通じた相互変容を積極的に行い、そこから何らかの合意や同意を生み出そうとする意志」であると暫定的に定義しておこう。つまり対話とは他者に働きかけながら、自己のあり方をも変えていこうとすることだ。それは他者との「共感・共苦・共歓」にともない、自分自身を「メタモルフォーゼ」する責任／応答とアルベルト・メルッチが呼んだものを、引き受けることである[11]。

10　ウルリッヒ・ベック（小幡正敏訳）「政治の再創造—再帰的近代化論に向けて」ウルリッヒ・ベック他『再帰的近代化—近現代における政治、伝統、美的原理』而立書房、1997年、9-103頁．

このような観点からみると、「フレキシビリティ（柔軟性）」と「リフレクシビティ（再帰性）」という、語感のよく似た二つの概念の違いが明確になる。それは現代の社会変動が私たちに要請していることと、私たちが社会変動のなかでより主体的に生きるために必要なことのあいだのギャップを示している。第一に、個人の次元でいえばフレキシビリティもリフレクシビティも、社会状況の急変に対応して自己のあり方を変化させることを意味する。しかし「フレキシブルであれ」という要請は、必ずしも目標そのものの変更を伴わず、目的追求のために自己を柔軟に変えるように求める。たとえば「フレキシブルな人材であれ」という企業からの要請は、市場の中で利潤を最大化するという企業の目的そのものまで問い直すことを要求しない。つまりフレキシビリティは（それがたとえ社会の変化を「先取り」しなければならないという強迫観念であったとしても）基本的には世の中の変化に対して受け身であり、「ここから先は考えなくてよい」という免責事項をあらかじめ示された「リミッター付きの」態度である。それに対して、人々のリフレクシビティが最大限に発揮された場合、会社とは何か、家族とは何か、自分とは何か、つまり社会とは何かということに対して、妥協を排してとことん省察・内省していくことになる。

　第二に、フレキシビリティにおいては外部の変化に自分がどう対処するかということが何よりも重要であるため、他者は「外部」の一部であり、自分が変わらなければならない理由か、自分が変わるための道具に過ぎない。そのため一見双方向的にみえるコミュニケーションでも、実際には一方通行的な「他者なきコミュニケーション」に留まる傾向がある。それに対してリフレクシブな思考（リフ

11　アルベルト・メルッチ（新原道信他訳）『プレイング・セルフ―惑星社会における人間と意味』ハーベスト社、2008 年、59-79 頁．

レクション）は、先述した自己と他者の相互作用のプロセスの自覚を促す。自己は他者とともに社会を構成しており、相互に影響を与えあっているがゆえに、自己のあり方を考えるためには他者のあり方について深く考えざるを得ない。それゆえリフレクションは、他者との対話の必要性を私たちに自覚させる。

　第三に、「フレキシブルであれ」という要請は私たちに「スピード感」を求める。刺激に対応して自分のやり方を変えるまでの時間は短ければ短いほどよく、そのために絶えず新たな情報を入手し、外界の変化に気を配らなければならないとされる。いっぽう、リフレクションは他者との対話を促すがゆえに「時間がかかる」。他者が何者で、他者との出会いがどのような意味をもち、他者との対話が自分や相手をどのように変えていくのかを見極めるためには、ゆっくりと時間をかけなければならない。また回答が得られたとしても、それは最終的な解決ではありえない。われわれがリフレクシブに生き続ける限り、答えは常に変わっていく。

　つまりリフレクションとは、「内省力」（他人の意見や生き方から、自己の意見や生き方の修正可能性を見出す。すなわち、どれだけ深く「自分の内面の問題」として考えられるか）と「想像力」（他者について自分の経験の枠組みの外側に出て考える。すなわち、どれだけ深く他者のあり方を想像することができるか）を駆使しながら、他者と「時間をかけて」対話を行うことなのである。ただし、フレキシビリティとリフレクシビティは常に相反するものではないかもしれない。むしろ、社会からの要請にただフレキシブルに対応しようとしていた人が、何かのきっかけで社会のなかでより主体的であろうと望んだとき、フレキシビリティがリフレクシビティへと変わっていく（後者が前者を「内破する」）のかもしれない。「不安」ですら、そのきっかけでありうる。それがしばしばもたらす他者への被害妄想を避けるこ

とさえできれば、不安は私たちをリフレクションへと誘ってくれる。

4．想像力と被害妄想

かつて花崎皋平は現代文明の特質を「直線的進歩のジェットコースターに乗って、恐怖の代償として快感を得るスリル」と表現した。そのような効率性と合理性による進歩の追求の結果、リスクに満ちた不透明な社会と人生への不安が私たちを支配しようとしている。花崎はこうした現代文明に対するオルタナティブとして「ピープル本位」の思想を提唱した[12]。ピープルとは「生産労働に特に重きを置く職業人、理性と経済を偏重する専門人、個性の発見を自己目的として追求する個人といった労働、理性、個性に偏ったイメージを修正して、生命体としての多面的要素の平衡と綜合を重んじる在り方、すなわち、働くこと、食べること、休息すること、楽しむこと、愛することなどにひとしく重きを置き、そのような在り方で他者や環境とコミュニケート（交信・交流）するヒト」のイメージである。そして花崎のいうピープルとは、自分が思わぬことで他者を傷つけてしまう危険（加害可能性）と、自分自身の傷つきやすさ（受苦可能性＝ヴァルネラビリティ）に思いを致す「推量的想像力」をもって、他者と「共生」しうる人のことである。

リスクに満ちた不透明な時代においては、すべてを計算・予測し功利的・合理的な選択に基づき社会を運営しようとしてもうまくいかない。なぜなら、私たちの選択の根底にある価値基準そのものが絶えず揺るがされているからだ。そして「もし価値基準が絶対的なものでないとするならば、唯一の基盤となるのは、合意に達するという人類のもつ能力以外にはありえない」[13]。

---

12 花崎皋平『増補　アイデンティティと共生の哲学』平凡社、2001年．
13 　メルッチ前掲書、179-180頁．

リフレクシビティとは、推量的想像力を働かせて自己と他者との共生を模索する人間の能力に他ならず、それなしに現代社会は継続することはできない。本稿を執筆しているさなかの 2011 年 3 月に起きた東日本大震災は、「人は、独りでは生きられない」という当たり前の事実を、改めて私たちに突き付けたのではなかったか[14]。

　にもかかわらず、私たちは自らの想像力を他者との共生を目指す方向に常に働かせるとは限らない。存在論的不安に囚われた人々は、他者を自らの不安の元凶として攻撃しがちである。それは、どこかに不安の原因を見出して安心したいだけの、根拠のない非難や攻撃になる。そこでは他者と共生しようとする想像力ではなく、他者を自己の不安の源泉だと錯誤する被害妄想が働いてしまうのだ。それゆえ本書では、私たちがこの被害妄想を乗り越え、他者との対話と協働とともに激変する世界をより善く生き、世界を変えていくための想像力をもつにはどうしたらいいのかを考えていきたい。そのために現代日本社会の重要な社会的課題のひとつでもある、異なる文化やエスニシティをもった人々との「多文化共生」を考察の対象とする。日本における多文化共生をめぐる議論や状況は、英語圏における「多文化主義」をめぐる議論や状況の変種と考えることができる。そこで本書では英語圏の多文化主義論、とりわけオーストラリア多文化主義研究の成果を、日本の多文化共生を論じる理論的準拠点とする。なおここでは多文化主義を、社会における文化的差異の存在を承認する理念であると、非常に広く定義しておく。あえて広く定義するのは、多文化主義がいかに多様で社会の変動に伴って変化する概念であるかを、本書全体の考察をつうじて浮き彫りにしたいからである。

14　塩原良和・竹ノ下弘久編著『社会学入門』弘文堂、2010 年も参照。

グローバル化していく世界において、自分と大きく異なる他者との接触を避けることはますます難しくなっている。それゆえ多文化主義・多文化共生について考えることは、ただ単に移民や外国人の問題について考えることではなく、そうした他者との出会いが自分にどのように影響するかを考えることである。メルッチが述べたように、多文化主義とは、私たちはどのようにしたら他者と出会うための力と意志をもちうるのか、という問いかけである。ただ差異を尊重し寛容になるだけではなく、差異をもった人々どうしが「お互いに耳を澄まし、聴き、理解しようとする絶え間ない努力」こそが「共に生きる」ことなのだ[15]。私たちは他者のためだけではなく、自分自身のためにも共生を模索しなければならない。本書がそのことについて考えるきっかけになってくれればと思う。

　本書では多民族・多文化化する日本社会におけるマジョリティ（社会的多数派）とマイノリティ（社会的少数派）の関係のあり方について考察する。この問題について論じる際の私自身の日本社会におけるポジションはマジョリティ「日本人」であり、私と同じような人々に、マジョリティであることの痛みや責任について考えるように呼びかけたいと思っている。だが自分のことをマイノリティと認識している人には、本書の記述を自らに向けた呼びかけとは受け取ってもらえないかもしれない。それでも、すべての読者にとって本書が他者との対話・協働・共生についてリフレクシブに考えるきっかけになればと願っている。

　　　　　　　＊　　　　　　＊　　　　　　＊

　本書は、主に大学の学部生を対象に書かれた多文化主義・多文化共生についての社会学的入門書である。しかし弘文堂の中村憲生さ

15　メルッチ前掲書、158-160頁。なお「多文化共生」あるいは「共生」概念については、終章で改めて再定義したい。

んからいただいた企画案には「よい入門書というのは、素人に『入口』だけ見せるというのとはちがって、一挙に、その学問の中心にある本質のところまで人を連れていく力がある。初学者はもちろん、専門家や玄人が読んでも、うなりたくなる」ようなものを書いてほしいとあった（率直に言って「そんな無茶な！」と思った）。非力な私でもなんとか要求水準に近づけるためにはどうしたらいいかと思案したあげく、これまで大学で教えてきた社会学・社会変動論の授業や、一般向けの講演の講義ノートをもとに執筆することにした。その予想外の効果として、そうした授業や講演に参加してくださった学生や市民の方々の意見や、そうした人々との討論の内容を本書にたくさん反映することができた。本書はあくまで学術的論考ではなく、読者が「共に生きる」という課題に関心をもち、より深く考えようとする際のヒントとなる視点を連ねた書物であるが、それらの視点の多くはこうした人々との出会いからもたらされた。つまり本書自体が対話の産物なのであり、この対話に参加してくださったすべてのみなさまに感謝したい。ただし、本書で述べられている私の意見にすべての人が同意するわけではないだろうし、同意してほしいわけでもない。大切なのは、この本をきっかけに新たな対話が生まれ、広がっていくことなのだから。

また通常の学術書と異なり、本書の引用注には単なる出典の参照に留まらず、その箇所の議論をより深く理解するために読んでほしい文献を読者に紹介する役割をもたせようとした。そのため、難解な外国語文献を列挙して自慢したいという学者特有の虚栄心を抑えて、注では入手しやすい日本語文献をできるだけ挙げるように心掛けた（ただし、適当な日本語文献が見つからない場合は英語文献を引用させていただいた）。このような風変りな書物を自由に書かせていただいた中村さんに、改めて御礼申し上げたい。

第1章 多民族・多文化社会としての日本

1. ニューカマー

　最初に、現代日本における外国人住民をめぐる状況を概観してみる。現行の外国人登録法では、90日以上日本に滞在する外国人は外国人登録を行わなければならない（同法は2012年7月までに廃止予定）[1]。外国人登録者のなかには何年、何十年にもわたって日本に住んでいる人々や日本生まれ、日本育ちの人々も多く、それゆえこの数を日本の「外国人住民人口」とみなすことが多い。外国人登録者数は1980年代後半から急速に増加し、2008年には約222万人に達したが、2008年の金融危機以後、2009年には約219万人、2010年には約213万人に減少した。しかし、それでも1985年（約85万人）と比較すると約2.5倍に増えている。外国人登録者の総人口に占める割合も、1985年の0.7％から1.67％へと増加している。なお、この他に外国人登録を行っていない非正規滞在者（いわゆる「不法」滞在者）が存在する。その数は1990年代半ばには30万人近くまで達したが、その後減少して2011年1月には約7万8000人となっている[2]。

　国籍別にいうと、戦後の外国人登録者数のなかでずっと多数派だったのは韓国・朝鮮籍の人々であった。これらの人々の多くは、日

---

[1] 以下、外国人登録者数についての数字は法務省入国管理局資料より（http://www.moj.go.jp/nyuukokukanri/kouhou/nyuukantourokusyatoukei110603.html　2011年7月25日アクセス）
[2] 法務省入国管理局資料（http://www.moj.go.jp/nyuukokukanri/kouhou/nyuukokukanri04_00008.html　2011年7月25日アクセス）

本が朝鮮半島を植民地支配していた戦前・戦中から敗戦直後の混乱期にかけて日本に移ってきた人々やその子孫、すなわち在日コリアンであった。こうした人々は1980年代以降増加してきた「ニューカマー」と呼ばれる外国人住民との対比で、「オールドカマー」と呼ばれることもある。しかし日本国籍を取得する人が増加したり、日本人との国際結婚で生まれた子どもの多くが成人後に日本国籍を取得するといった理由で韓国・朝鮮籍の人口は減少し、2007年以降は中国籍が韓国・朝鮮籍を上回り、国籍別ではもっと多い集団となった。なお韓国・朝鮮籍に続き3番目に人口が多いブラジル国籍者や、5番目に多いペルー国籍者の多くは、過去に日本から海外に移住した人々やその子孫(日系人)とその家族である。出入国管理及び難民認定法が1989年に改訂(1990年施行)され、日系人が就労に制限のない在留資格(後述)を取得しやすくなったことをきっかけに、中南米諸国から来日する日系人やその家族は1990年代に急増した。そうした人々のなかには製造業等で派遣労働者として働く者も多かったが、金融危機や東日本大震災の影響で日本を離れる人々がいたため、2009年以降は南米出身の外国人登録者数も減少している。全体として、日本における外国人登録者は中国、韓国・朝鮮、ブラジル、フィリピン、ペルーの上位5つの国籍者が8割以上を占めている。

　都道府県別に見ると、2010年時点では外国人登録者の約2割が東京都に居住し、それに加えて大阪府、愛知県、神奈川県、埼玉県、千葉県、兵庫県という、三大都市圏とその周辺に住む人々が6割を超えている。これ以外の県でも、たとえば静岡県浜松市や群馬県大泉町など、工業地域の周辺に位置し外国人住民が多い地方自治体(外国人集住自治体)が数多く存在する。大泉町では全人口に外国籍住民の占める割合が約15％、岐阜県美濃加茂市は約9％である

(2010年現在)。さらに狭い単位でみれば、東京都新宿区大久保地区のように住民人口の半数近くが外国籍という地域も数多くある。こうした場所では、外国人住民の増加とともに行政や地域における課題が健在化し、メディアでも比較的注目されている。ただし、統計上は外国人登録者が少ないとされる地域にも課題がないわけではない。地方の中小企業や農家などが、人手不足を補うために外国人研修生・技能実習生を導入することも多い。また東北地方や新潟県などの「嫁不足」に悩む地方農村部では、業者などの仲介もあり、東南・北東アジア諸国出身の女性の結婚移住が1980年代から目立ちはじめた[3]。日本にやってくる外国人観光客の増加にともない、地方の観光地で働いたりそこへ移住する外国人住民も増えつつある。こうした人々は家族や近隣から孤立し、行政や市民活動による支援が行き届かないなど、集住都市・地域とは異なった課題を抱える場合もあるが、家庭や地域社会に馴染んで日本人とも良好な関係を築き、住民として自律していく人々も現れている[4]。

外国人が日本に入国する際、出入国管理及び難民認定法（入管法）に基づいて付与される「在留資格」別にみると、「永住者」「定住者」「日本人の配偶者等」といった、その人の身分ないし地位に基づいて与えられる在留資格で日本に在留する人は外国人登録者全体の6割を超える。これらの在留資格で滞在する外国人は日本での活動制限が少なく職種を問わず就労でき、また社会保障や行政サービスにおいて日本人により近い待遇を認められる[5]。それゆえ、こうした在留資格をもつ外国人住民が多数を占めていることは、彼・彼女たちの日本社会への定住・永住化が進行しているひとつの目安になる。

3　武田里子『ムラの国際結婚再考―結婚移住女性と農村の社会変容』めこん、2011年.
4　同上書.
5　もちろん、日本国籍保持者でなければ享受できない権利やサービスも参政権をはじめ依然として多い。

日本社会の多民族・多文化化は、若い世代ほど進行している。「ニューカマー」外国人住民の増加傾向が始まってすでに 20 年以上が経過し、日本に長期にわたり住んで生活する人々が増加した[6]。その結果、日本に住む外国人家庭や国際結婚家庭に生まれ育つ子どもの数も増加している。たとえば国際結婚家庭に生まれる子どもの数は年ごとに増減はあるが、1995 年以降おおよそ 2 万人台で推移している。ただし日本国籍者と外国籍者のあいだの婚姻件数は 2006 年までは急激に増加したが、その後やや減少傾向にある[7]。いずれにせよ、日本社会全体の少子化傾向が続くなかで「外国につながる子ども」の存在感は今後ますます増大していくだろう。全国の公立の小学校、中学校、高等学校、中等教育学校及び特別支援学校に在籍する「日本語指導が必要な外国人児童生徒」は 2005 年に 2 万人を越え、2010 年には約 29,000 人であった。言語別ではポルトガル語を母語とする（その多くはブラジル出身）児童生徒がもっとも多く、2 位は中国語、3 位はフィリピノ語、4 位がスペイン語となっている[8]。全校生徒のかなりの割合が外国人児童生徒で占められる公立小中学校も、外国人集住地域では珍しくない。そうした学校には日本語指導を行う教員が加配され、国際教室が開かれるなどの措置が取られることもある。しかし全国的にみれば 1 校あたりの外国人児童生徒の在籍数は少なく、全校で 1 〜 4 名という場合が

6　ただし滞在期間が長くなったからといって、すべての外国人住民が日本社会で生活や人間関係の基盤を築き、地域社会に「住民」「市民」として参加するようになるわけではない。梶田孝道らは、特に日系ブラジル人住民のあいだで「外国人労働者がそこに存在しつつも、社会生活を欠いているがゆえに地域社会から認知されない存在」となる「顔の見えない定住化」のプロセスが進行していると指摘した。梶田孝道他『顔の見えない定住化―日系ブラジル人と国家・市場・移民ネットワーク』名古屋大学出版会、2005 年、72 頁.
7　厚生労働省　人口動態調査より（http://www.e-stat.go.jp/ より）。 2011 年 11 月 5 日アクセス）
8　文部科学省　日本語指導が必要な外国人児童生徒の受入状況等に関する調査より（http://www.mext.go.jp/　2011 年 11 月 5 日アクセス）

圧倒的に多い。そのような学校では、外国人児童生徒が必要な支援を受けられない状況が起こりがちである。また、最近外国から日本に来た子ども（「新渡日の子ども」とも呼ばれる）に学校での「日本語指導が必要」かどうかは主に現場の教師が判断するのだが、日本語教育や異文化コミュニケーションに詳しい教師は少なく、正確な判断をするのは簡単ではない。一般に、外国から来た子どもは教室でクラスメートと話すときなど、日常生活に用いる日本語は比較的短期間で習得できる。しかし授業や教科書の内容を理解したり、試験問題に適切に回答したりするなど、学習に使用する日本語を習得するにはより長い時間がかかるとされる。友だちと話している様子を見て日本語能力に問題がないと思われ、単に「勉強ができない」子どもとして扱われていたのに、実は教科書の日本語をほとんど読めていなかったという例は多い（第9章参照）。ひどいときには、学習障害があるのではと疑われてしまうことさえある。

　こうして概観しただけでも、日本社会の多民族・多文化化という大きな趨勢が見てとれる。もちろん、日本にやってきた外国人住民すべてが一生日本に住むわけではない。金融危機や東日本大震災の際、日本を去る選択をした外国人住民が数多くいたことは先述のとおりである。グローバリゼーションの時代において、人々は最初の移住先にずっと留まり続けるとは限らず、故郷に帰国したり、日本との間を往復したり、さまざまな土地に再移住する人々もいる[9]。だが、それは日本に住んでいる日本人でも、生まれ故郷に一生住み続ける人ばかりではないのと同じことである。重要なのは、日本に

9　たとえば樋口直人他著『国境を越える―滞日ムスリム移民の社会学』青弓社、2007年. こうした人々は、国境を越えた「トランスナショナル・コミュニティ」を形成している側面もある。ただし「トランスナショナル・コミュニティ」という概念を過度に強調することに慎重な議論もある。たとえばスティーブン・カースルズ／マーク・ミラー（関根政美・関根薫監訳）『国際移民の時代』（第4版）名古屋大学出版会、2011年、38-42頁.

住む外国人の多くが「出稼ぎ」でも「旅行者」でもなく、一定期間日本で働き、場合によってはそこで家庭をもち子どもを産み育てる「住民」であるという事実である[10]。たとえ非正規滞在者であっても、そのことに変わりはない（第8章参照）。またニューカマー外国人住民の居住期間が長期化し第二世代が台頭することで、従来のように外国人住民を「ニューカマー」と「オールドカマー」に明確に区別することも難しくなっていくだろう[11]。

2．多文化共生と単一民族神話の共謀

こうして1990年代以降、日本社会が多民族・多文化的であることが急速に「目に見える」ものになってきた（「可視化」）。それとともに、日本人と異なる言語や文化をもつニューカマー外国人住民とどのように「多文化共生」するかという課題がクローズアップされるようになった。ただし、「共生」あるいは「共に（ともに）生きる」という言葉自体はそれ以前からあり、民族的マイノリティをめぐる文脈では、アイヌ民族や在日コリアンといった当事者やそうした人々を支援する日本人によって用いられてきた[12]。それがニューカマー外国人住民支援の必要性や日本人住民の異文化への寛容さを呼びかけるために、行政や市民団体に使用される「多文化共生」というスローガンとして定着したのは1990年代半ば以降である。先述のように大都市部や工業地域等に外国人住民が集住し、その社

---

10 川村千鶴子他編著『移民政策へのアプローチ—ライフサイクルと多文化共生』明石書店、2009年.
11 だからといって在日コリアンの人々が経てきた、日本による故国の植民地化という、他の外国人住民にはない歴史的経緯が消え去るわけではない。
12 その例として、1970年代から川崎市で「ともに生きる」ための地域教育実践を展開してきた社会福祉法人青丘社や、アイヌ民族に寄り添う視点から「共生」概念の重要性を指摘してきた花崎皋平の議論がある。金侖貞『多文化共生教育とアイデンティティ』明石書店、2007年．花崎皋平『〈共生〉への触発—脱植民地化・多文化・倫理をめぐって』みすず書房、2002年、127-161頁.

会的影響が顕在化する地域が現れた。そうした状況に対処するため、地方自治体は医療・保健、雇用環境、社会保障・福祉、情報流通、言語、子どもの教育といった外国人住民の生活課題に対処する行政サービスを展開するようになった。

「多文化共生」という言葉が外国人住民支援のスローガンとして普及した大きなきっかけは、1995年に起きた阪神・淡路大震災であった。外国人被災者への支援をきっかけに、ニューカマー外国人住民支援施策の重要性が市民活動のなかで提起されたのである[13]。こうした動きは、外国人住民を多く抱える他の地方自治体でも起こった。2001年には外国人集住都市会議が発足し、政府に対して全国的な外国人住民支援施策の実施を求めた。やがて政府も、「多文化共生」に関連する施策を打ち出すようになった。法務省の『第2次出入国管理基本計画』(2000年)では「外国人を必要な人材として迎え入れることになるとすれば、安定した地位と整備された生活環境、そして定着化の支援を行っていくことにより、日本人と外国人が円滑に共存・共生していく社会づくりに努めていく必要がある」と明記された。また2010年の第4次計画でも「出入国管理行政としても、国民の安全・安心を守りつつ、我が国社会の活力及び国民生活の維持・向上に寄与し、外国人との共生社会の実現に貢献していく必要がある」とされた。総務省も2006年に『地域における多文化共生推進プラン』を策定し、全国の地方自治体に外国人住民支援・多文化共生施策の策定を促した。同じく2006年、法務省、総務省など多くの関係各省庁が参加した外国人労働者問題関係省庁連絡会議は、従来の労働力確保や治安維持の観点とは違う、新たな『「生活者としての外国人」に関する総合的対応策』を打ち出した。

13　吉富志津代『多文化共生社会と外国人コミュニティの力―ゲットー化しない自助組織は存在するか？』現代人文社、2008年.

いっぽう財界団体も、高度な技術・知識を身につけた「高度人材」外国人労働者を企業・経済の利益に活用する姿勢を表明した。日本経団連の『外国人受け入れ問題に関する提言』(2004年)および『第二次提言』(2007年)では、「外国人が有する多様な価値観や経験・ノウハウを活かすことで、国民一人ひとりの『付加価値創造力』を高めていく、多文化共生をベースにした経済社会づくり」が提唱され、専門的・技術的労働者以外の受け入れの必要性についても議論が提起された。また日系人労働者については「生活者としての外国人」としての側面に注目する重要性が指摘され、外国人住民の受け入れと「共生」は不可避であるとされた。

　こうして今日の日本社会では、「多文化共生」という謳い文句が定着しつつある。これは歓迎すべき変化だが、問題がないわけではない。それは、このスローガンの意味するものが日本語が不自由なニューカマー外国人住民への支援や、異なる文化をもった人々への寛容の奨励に限定されがちなことである[14]。そうなれば、多文化共生とは彼・彼女たちが急増した1990年代以降に生じた新しい社会的課題であると見なされるようになる。こうして「日本はかつて単一民族社会であったが、それがニューカマー外国人住民の増大によって多文化化してきた。それゆえ日本は多文化共生社会を目指さなければならない」という、「単一民族社会から多文化共生社会へ」という物語が受け入れられていく。

　だが、この物語は事実とはいえない。先述のように、民族的マイノリティと「ともに生きる」重要性は以前から問題提起されてきた。また小熊英二が論破したように、そもそも日本が「単一民族社会」であるという通念自体が、実は第二次世界大戦以降に定着した「神

14　金侖貞「多文化共生をどのように実現可能なものとするか—制度化のアプローチを考える」馬渕仁編著『「多文化共生」は可能か—教育における挑戦』勁草書房、2011年、65-84頁.

話」である[15]。第二次世界大戦以前、台湾や朝鮮半島などを植民地化した日本は公式に「多民族帝国」を名乗っていた。また日本の北部に先住民族として独自の文化・社会を築き、「和人」(日本人)の侵略を受けながらもそれを受け継いできたアイヌ民族や、17世紀はじめに薩摩藩の侵攻を被りつつ19世紀後半までは独自の王朝として存続し、「ヤマトンチュ」(「本土」の人々)とは異なる独自の文化を維持してきた琉球王国の存在は、現在「日本社会」とされる領域が明治以前には多民族による複数の社会であったことを示している。それに加えて在日コリアンの存在は、「単一民族神話」が強い影響力をもった第二次世界大戦後ですら、日本が単一民族社会などではなかったことを物語っている。「単一民族社会から多文化共生社会へ」という物語はこうした事実と異なっている。それどころか、多文化共生の名の下にニューカマー外国人住民への支援だけが語られることで、在日コリアンやアイヌ民族、琉球・沖縄の人々などが経てきた苦難の歴史が忘却されてしまいかねない。その意味で、この物語はそれが否定しているはずの「単一民族神話」と共謀する側面をもちうる。

3. 同質性と共通性

 そうはいっても日本では依然として、「単一民族神話」が一定の影響力を保っている。多くの「多文化共生」論者はそれに反対して、この「日本独特」の社会観を打破し、日本が多文化社会であることを認め、米国やオーストラリアといった多民族国家のように「多様性の中の統一」を目指そうという。いっぽう、元来同質的で閉鎖的な日本社会が多民族社会を目指すのには無理があると考える人も少

---

15 小熊英二『単一民族神話の起源―「日本人」の自画像の系譜』新曜社、1995年.

なくない。両者は一見すると対立する主張だが、同質性を重視するのが日本の「特殊性」であるという思い込み自体は共有されている。

だが「同質性」を重視する「単一民族神話」も、「共通性」を重視する多様性の中の統一としての「多文化共生」も、ある国家のネイション（民族／国民）の拠り所をどこに求めるかの違いに過ぎず、両者はともにナショナリズムの一種である。吉野耕作はナショナリズムを「『我々』は他者とは異なる独自な歴史的、文化的特徴を持つ独自の共同体であるという集合的な信仰、さらにはそうした独自感と信仰を自治的な国家の枠組みの中で実現、推進する意志、感情、活動の総称である」と定義した[16]。ネイションの起源については、それはナショナリストたちが想像するように太古から連綿と続いてきたものではなく、近代の社会変動やナショナリズム運動を通じて形成されてきたと考えるエルネスト・ゲルナーやベネディクト・アンダーソンらの「近代主義」と、大筋では近代主義に同意しつつ、現代のネイションを構成する文化要素の一部を前近代に求めるアンソニー・スミスらの立場がある。しかしスミスにしても、ネイションが現在の姿のまま太古から存続してきたと主張しているわけではない。ナショナリズムが力をもつのは、ネイションが太古から実在し、自分にとってそれが不可欠なものであると人々に信じさせることができるからなのだ。

アンダーソンによれば、あらゆる近代ネイションは「想像の共同体」である[17]。自分を「日本人」だと考えている人は、自分と同じ「日本人」だと思っている人々の大部分と会ったことはないし、一生会うこともない。実際には、そうした人々と自分の習慣や価値観、

16　吉野耕祚『文化ナショナリズムの社会学―現代日本のアイデンティティの行方』名古屋大学出版会、1997年、11頁.
17　ベネディクト・アンダーソン（白石隆・白石さや訳）『定本 想像の共同体―ナショナリズムの起源と流行』書籍工房早山、2007年.

話し言葉は異なっているかもしれない。それでも、われわれは同じ共同体に属する「同胞」なのだという想像によって人々は互いに結びつく。しかし自分たちが他と異なるネイションの一員であると想像するためには、自分たちと他者を区別する何かがなければならない。米国のような白人植民地国家では、かつての宗主国とのあいだに民族・文化的な区別を見いだすことが難しかったために、自由や平等といった市民的価値観を共有することをネイションの拠り所となす「シビック・ナショナリズム」の論理が前面に押し出されることになった。それはやがて、「われわれは民族・文化的には多様であっても市民的価値観という『共通性』をもつ、ひとつのネイションである」という「多様性のなかの統一」型のナショナリズムへと展開していった。いっぽう、やや遅れて近代国家形成を果たしたドイツや東欧、ロシアや日本などでは、ナショナリズムの拠り所として言語や文化を重視する「エスニック・ナショナリズム」が発展し、同じ言語や文化、祖先を有している人間がネイションであるという「同質性」が強調された。日本の「単一民族神話」も、エスニック・ナショナリズムの現代的表現のひとつである。

　しかしスミスも指摘しているように、シビック・ナショナリズムとエスニック・ナショナリズムは厳密に区別できるものではない[18]。近代国家は産業を発展させて社会的分業を複雑化させるために、共通の言語や文化をもたなければならなかった。またそもそも自由や平等といった価値を信じるという主観的基準だけでは、自国民と外国人を区別するのが困難になってしまう。それゆえ米国のような国家でさえ、実際には国民のなかのマジョリティの人々の文化や言語を優先し（「アングロ・コンフォーミティ」）、マイノリティの人々を

18　アントニー・D. スミス（巣山靖司・高城和義他訳）『ネイションとエスニシティ—歴史社会学的考察』名古屋大学出版会、1999年、159-163頁.

それらに同化させようとしてきた[19]。いっぽう、近代以降エスニック・ナショナリズムが根強かった日本やドイツのような国家でも、今日では自由や平等といった市民的価値は大きな力をもっている。それゆえ同じ国内に住む人々を民族が違うからといって差別することには、大きな道義的非難がつきまとう。さらに、移民・難民・外国人住民の増大によって国内の文化的多様性が高まるにつれて、政府は同質性だけではなく共通性の論理を部分的に採用して国民統合を維持しようとする。その結果「多様性の中の統一」という統合理念が影響力を増すことになる。日本の「多文化共生」も、多民族・多文化社会化へのこうした対応のなかから生じた「多様性の中の統一」型ナショナリズムといえる。

ネイションが「想像の共同体」であるということは、それが実在しないということではない。だが、想像でしかないはずの同胞のつながりを人々に信じさせる何らかの社会的メカニズムがない限り、ネイションは成立しないし維持もされない。公教育は、ネイションの再生産のためのもっとも重要な制度のひとつである。その他にも、たとえばアンダーソンは「地図」や「博物館」の役割も重視する。地図はネイションに分かれ国境線によって区分けされた世界というイメージを、博物館は「国民の歴史」というイメージを定着させた。こうした制度やシンボル・言説は人々を「同胞」として「再想像」させる。吉野はこうした現代国民国家のナショナリズムを「再構築型ナショナリズム」と呼んだ[20]。国境を越えた人の移住の増加によって多民族・多文化化が進行している現代先進諸国では、多様化していく住民をネイションとして「再想像」するために言語・文化的

19　戴エイカ『多文化主義とディアスポラ―Voices from San Francisco』明石書店、1999年、38-48頁.
20　吉野前掲書、7頁.

同質性だけに依拠すること（＝「同化主義」）がますます困難になっている。しかし、多様性の中の統一を目指す「多文化共生」もまたナショナリズムである以上、人々を同質化させようとする社会的メカニズムから完全に自由にはなれない。こうして多くの先進諸国では、「多様性の中の統一」に内包される同質化志向と差異の尊重との「バランス」のとり方が政策や世論における重要な論点となる（この「バランスをとる」という発想がもつ問題性については第5章で改めて述べたい）。

4．総中流幻想と単一民族神話の連関

　ところで「単一民族神話」が一般市民に浸透した戦後の日本は、「一億総中流」という社会通念が拡大、定着した時期でもあった。バブル崩壊の頃までの日本社会では、「日本は貧富の差がない平等社会である」という信念は根強かった。しかし、これも「単一民族神話」と同じように幻想に過ぎなかった。社会主義諸国を含め、階級・階層のない近代国家などどこにも存在したことはない。日本でも、社会学者たちは社会階層の変化についての実証的な調査を戦後一貫して続けてきた。

　論理的に考えると、総中流幻想が成立するためには単一民族神話が必要であったし、その逆もまた真であったという仮説を立ててみることができるだろう。なぜならアイヌ民族、在日コリアン、琉球・沖縄の人々といった民族的マイノリティは、戦後日本において厳しい差別や排除によって、まさに「貧困や格差」に直面していたからである。それゆえ日本が総中流社会であると人々が信じるためには、貧困に喘ぐこうした人々の存在が単一民族神話によって隠されなければならなかった。さらに総中流幻想が普及していくにつれ、社会的下層としての民族的マイノリティの存在がいっそう忘却され、単

一民族神話も強化されていったのではないだろうか。差別／排除と貧困／格差というふたつの社会問題は、同時に忘却されなければならなかった。つまり「単一民族神話」が隠ぺいしていたのは、文化的・民族的な違いが階層的不平等と結びついて生じた「マイノリティ―マジョリティ」という社会構造の存在だったのだ。

　もちろん、アイヌ民族や被差別部落といった民族的・社会的マイノリティの困難に対する行政の支援政策は、不十分ながら存在した。しかし「日本は平等で皆が豊かな社会であり、貧しいのは本人の責任である」という幻想が、マイノリティの貧困の背後にある民族差別や階層的不平等といった問題を覆い隠した結果、そうした人々への支援は民族の問題でもなければ階層の問題でもない「貧乏人に対するお恵み」としてとらえられることになる。こうして、マイノリティへの支援は少数の人々にだけ許された「利権」（あるいはより最近の言い方では「特権」）とされ、「なぜかれらだけが特別扱いを受けるのか」という「逆差別」の論理（第9章参照）が正当化される。

　単一民族神話や総中流幻想といった社会通念は、私たちが自分の社会を見る際にかけていた色眼鏡のようなものだった。そして日本における民族的・社会的マイノリティは、現在では改善がみられるものの、社会のなかで依然として不利な立場に置かれる傾向があることに変わりはない。多文化主義や多文化共生を唱えることが、そのような現実から私たちの目をそらす結果になってはならない。本書では多文化主義や多文化共生という理念の意義を認め、その可能性を模索する。しかし、こうした美しい言葉が現実を隠すために利用されてしまえば、それは新しい色眼鏡になってしまうだろう。それゆえ現代社会における共生の必要性を考えるために、多文化共生や多文化主義をあえて批判的に考えてみる。こうした言葉が覆い隠している現実について、次章以降でさらに検討したい。

第2章 日本人というマジョリティ

1．先住民族としてのアイヌ

　前章で述べたように、多文化共生理念ではしばしば「単一民族社会から多文化共生社会へ」の変化が強調され、外国人住民（特にニューカマー）以外のエスニック・マイノリティの存在が無視されがちである。実際、日本においてもようやく進展してきたアイヌ民族をはじめとする「先住民族」の権利回復の取り組みは、多文化共生をめぐる議論とは無関係のままである。ここでは先住民族の権利という視点を導入することで、現代日本における多文化共生理念の問題点を明らかにしたい。まず、アイヌ民族が行ってきた先住民族としての権利要求を概観してみよう。

　祖先の土地である「アイヌモシリ」が近代日本の領域に組み込まれて以来、アイヌ民族は和人（日本人）に祖先の土地や生業を奪われ、日本政府による同化政策によって文化や言語を失い、貧困や差別に苦しんできた。第二次世界大戦後に定着した単一民族神話は、アイヌ民族の存在のさらなる隠ぺい・忘却をもたらした。そのうえ日本政府は、「日本に少数民族はいない」という立場を国際社会で繰り返し表明してきた。1986年には当時の中曽根康弘首相が、日本は単一民族社会でありアイヌ民族はすでに日本人と同化しているという、いわゆる「単一民族国家発言」を行なった。これに反発したアイヌ民族は、折からの先住民族の権利回復の国際的機運の高まりもあり、先住民族としての自らの存在と権利を国際社会で主張するよ

うになった。日本政府は1991年になってようやく、アイヌ民族を日本における「少数民族」と認めた。1997年3月には、札幌地裁における「二風谷ダム判決」が、アイヌ民族が国際人権法における先住民族であり、日本政府がアイヌ民族に対して植民地支配を行ってきたと明言した。さらに同年5月には、それまでの同化主義的・植民地主義的な北海道旧土人保護法が廃止され、アイヌ文化の存在を認めその振興を促すアイヌ文化振興法が施行された。これによって、政府は日本が複数の文化によって構成される多文化社会であることを認めたことになる。しかしこの法律は文化振興に限定されたものであり、アイヌ民族団体が1980年代に「アイヌ新法」制定運動を通じて要求してきた「民族としての権利」については規定されなかった[1]。

その後2000年代半ばまで、アイヌの先住民族としての権利回復には大きな進展が見られなかった。しかし「先住民族の権利に関する国際連合宣言」の採択をきっかけにして、日本国内における政治状況も進展していく。この宣言は1982年に設置された国連の「先住民作業部会」において検討され、1993年に草案がまとめられた。しかし、先住民族の権利を推進しようとする国々の政府や先住民族団体と、それを制限しようとする国々の政府との交渉は難航し、ようやく2007年9月に国連総会で賛成144か国、反対4か国、棄権11か国で採択された（反対した米国、カナダ、オーストラリア、ニュージーランドの4か国ものちに賛成の立場へと転じた）。

この宣言は先住民族の権利に関する包括的な国際人権文書であり、先住民族の人権、民族的アイデンティティ、文化・宗教・言語、教育・情報などの権利、経済的・社会的権利と参加の権利、土地・領

1　上村英明『知っていますか？　アイヌ民族一問一答〈新版〉』解放出版社、2008年.

域・資源の権利、そして自己決定権を行使する権利などが規定されている[2]。なお日本政府も国連総会での採択では賛成票を投じ、2008年6月に衆参両院で「アイヌ民族を先住民族とすることを求める決議」が全会一致で採択された。日本の近代化の過程においてアイヌの人々が差別され、困窮を余儀なくされてきたという歴史認識を示したこの国会決議を受け、政府はアイヌが先住民族であるという見解を示し、「アイヌ政策のあり方に関する有識者懇談会」を設置してアイヌ政策の確立に向けた総合的な検討を開始した。2009年7月に公表された同懇談会報告書は、アイヌ民族が日本の先住民族であり、政府にはその文化の復興に配慮する強い責任があるという認識を示した。そして国連宣言や日本国憲法を踏まえ、アイヌのアイデンティティの尊重、多様な文化と民族の共生の尊重といった理念のもとに全国的施策を整備するように提言した。この報告書に基づき、2010年1月にアイヌ政策推進会議が発足し、総合的なアイヌ政策の構築に向けた検討を開始した。同会議は2011年6月に2つの報告書を発表している[3]。

2.「郷に従う」のは誰か

このように、外国人住民施策における「多文化共生」の推進が謳われるのと同時進行で、アイヌとの「民族の共生」を目指した政策の立案が進んでいる。しかし現在のところ、両者のあいだにほとんど接点はない。その理由は、それぞれの政策を所管する官庁・部署が違うからというだけではなく、より根本的なところにもある。前章では多文化共生が日本社会の多文化化に対応して生じたナショナ

2　上村英明「先住民族の権利と国際人権法・国連人権機構—日本の事例を含めてその歴史を考える」齋藤純一編『人権論の再定位4　人権の実現』法律文化社、2011年、106-128頁.
3　首相官邸ウェブサイト（http://www.kantei.go.jp/jp/singi/ainusuishin/dai3/haifu_siryou.pdf　2011年8月24日アクセス）

リズムの一形態であることを示したが、脱植民地化の要求としての先住民族の権利要求は、多文化共生理念の前提となっているナショナリズムの正当性そのものに疑問を突き付けるのである。それゆえ多文化共生理念において、先住民族の権利をどう承認するかは大いなる難問なのだ。

「郷に入れば郷に従え」という格言について考えてみると、それがなぜ難問なのかがわかる。民族・文化的多様性を承認することに慎重な人は、この言葉を必ずといっていいほど口にする。「私たちだって海外旅行に行ったらその土地のやり方に従うのだから、外国人にも日本の文化や習慣に従ってもらわないと……『郷に入れば郷に従え』ですよ」。このように主張する人は、日本にいる外国人はすべて旅行者か一時滞在者だと思い込んでいることも多い。だが前章で述べたように、日本に定住する外国人住民が増加しはじめてからすでに30年近くが経過しようとしている。あなたが「郷に入れば郷に従え」と命ずる外国人は、実はあなたが生まれる前から日本に住んでいるかもしれない。

ただし、日本に何年住んでいようが「日本人」と違った振る舞いをしていると見なされる限り、外国人は「郷に入れば郷に従え」と言われ続けることも事実だ。日本社会の「ホスト＝主人」は日本人であり、外国人は「ゲスト＝客」に過ぎないとされる。自分の家でどのように振舞うべきかを客に命令する権利が主人にあるのは、「あたりまえ」というわけだ。つまり日本人が外国人に対して「郷に入れば郷に従え」と命ずるとき、その「日本人」は日本社会における「日本人の優位」という信念を暗黙の前提として語ることで、自分のやり方を外国人に押し付けることを正当化しているのである。

「郷」とは、すなわちホームランド（祖国・故郷）である。「郷に入れば郷に従え」と移民・外国人に命じるマジョリティ国民は、こ

こは自分たちのホームランドであり、したがって自分たちの文化や意向が優先されるべきだと主張しているのだ。これはまさにナショナリズムの表明に他ならない。外国人に「郷に入れば郷に従え」と命ずる日本人は（たとえそれが「善意」に基づいていたとしても）、日本社会における「日本人の優位」という信念に基づいたナショナリズムによって外国人住民の日本社会における主体性を否定している。それゆえ「多様性の中の統一」のバランスが「(国民)統一」から「多様性（の奨励）」へと傾き過ぎることを恐れる人々によって、この格言は常に持ち出されることになる。しかし前章で述べたように、国民社会における「多様性の中の統一」を重視する多文化共生もまたナショナリズムであり、それゆえ「日本人の優位性」という信念を前提としていることに変わりはない。レバノン系オーストラリア移民の人類学者ガッサン・ハージは、オーストラリア社会の管理者・支配者はわれわれ白人オーストラリア人であり、非白人はわれわれに管理される対象に過ぎない」という白人オーストラリア人の抱く信念を「ホワイト・ネイションの幻想」（白人の優位性の幻想）と呼んだ[4]。それと同様に、「日本人の優位」も国民社会におけるマジョリティ国民の主体性を肯定し、マイノリティのそれを否定するナショナリズムなのだ。

こう述べたとしても、「確かにナショナリズムかもしれないけれど、私たちは日本人なのだから、日本に来た外国人に『郷に入れば郷に従え』という権利がある」と考える人は多いだろう。そんな人にあえて問おう。はたして日本人には外国人に、『郷に入れば郷に従え』と命ずる権利があるのだろうか？

自分の家で客がどう振舞うか、注文をつけるのは当然だ、と言わ

4　ガッサン・ハージ（保苅実・塩原良和訳）『ホワイト・ネイション——ネオ・ナショナリズム批判』平凡社、2003年.

れるかもしれない。しかし、もしあなたの「家＝ホーム」が、ご先祖様が他人から不当な手段で「盗んだ」ものだということが判明したら、どうだろう。「盗まれた」方の子孫がやってきて、言う。「おい、その家はお前のものじゃない。お前の先祖は、どんな正当な契約も結ばずに、わしらの先祖をここから追い出したのだ。お前は盗人の子孫、不法占拠者だ」。「ホーム」を「ホームランド」に置き換えて考えてみれば、これがまさに先住民族の権利回復・自己決定権の要求がマジョリティ国民に対して問いかけていることだとわかる。アイヌ民族も含め、先住民族とは近代国民国家の植民地化によってホームランドを奪われた人々である。したがってそうした人々の権利回復の主張とは、近代国民国家の正当性とマジョリティ国民のナショナリズムの根拠そのものに異議を申し立てている。マジョリティ国民が自分たちの「郷」だと信じていたこの土地は、マジョリティ国民の先祖が先住民族の先祖から「盗んで」、正当な条約・謝罪・補償なく「不法占拠」し続けている土地に過ぎないかもしれない。もし私たちが先住民族から「盗んだ」「郷」のうえに自分たちの社会を築いてきたのだとしたら、なぜ私たちはかれらの「郷に従う」必要がないといえるのだろうか。そして新たにやってきた移民・外国人に私たちが「郷に入れば郷に従え」と命じたり、逆に「多文化共生社会をつくろう」と上から目線で呼びかけたりする権利がどこにあるのか。私たちは単なる「不法占拠者」に過ぎないかもしれないというのに。

3．「あたりまえ」という特権

こうして脱植民地主義としての先住民族の権利要求は、マジョリティ日本人のもつナショナリズムが、日本社会において日本人が外国人よりも常に優位に立っているはずだという思い込みを前提にし

て成り立っていることを暴露する。その点においては、同化主義・排外主義も多文化共生も同じ穴のムジナなのである。アイヌ民族の脱植民地化の要求に対して日本政府が責任を果たさない限り、これは倫理的に正しい考えとはいえない。だが多くの人々は、日本社会では日本人が外国人よりも常に優位に立つはずだという認識のもっている非倫理的な側面に気づくことができない。なぜならそうした人々は、日本において日本人が多数を占めているのは人口学的な事実、すなわち「あたりまえ」なことだと考えてしまうからだ。だが、ある社会で誰が「多数派＝マジョリティ」で、誰が「少数派＝マイノリティ」であるかは、単なる人の数の問題には留まらない。

　講義や講演で日本の多文化状況について話をすると、「日本は確かに『単一民族』社会ではないかもしれないけれど、日本人が圧倒的多数を占める『同質的な』社会であるのは間違いないでしょう。だから日本で多文化共生を実現するのは難しいのではないですか」という感想をよく耳にする。「日本は同質的な社会である」という主張は、一見するともっともらしく思えてしまう。しかし、そもそもある国家が「同質的な社会」といえるかどうかは程度の問題に過ぎない。その社会の民族的主流派ないしマジョリティとされる国民以外の人々がどれだけの割合ならば、「同質的」といえるのか。その基準を誰が決めるのか。たとえば多文化国家として名高いオーストラリアでは、全人口の４割程度が国外で生まれた移民１世かその子である。移民は世界各地からやってきており、異文化間結婚も当たり前である。もちろん先住民族もいる。しかしそれでも、オーストラリア社会とはかつての宗主国である英国式の社会であり、オーストラリア文化とは英国風文化であるという考え方は根強い。シドニーのダウンタウンを歩く人々の大多数が非‐白人であったとしても、オーストラリアは英国風社会だと信じている人はいる。

あらゆる社会には移民や外国人、少数・先住民族といった民族的マイノリティが存在している。したがって、ある社会が「同質的である」という主張は、この程度の多様性ならば無視してよいという「判断」を含まざるを得ない。そしてこうした判断は常に、その社会のマジョリティによって行われる。この場合「マジョリティ」とは単に人口が多い集団ではなく、その社会のあり方を決める主導権を握っている（とみなされている）集団のことである。つまり「日本は同質的な社会である」という主張は、事実の言明というより「日本は日本人がマジョリティを占める社会であることがあたりまえだ」という信念の表明であり、そのように主張することが可能なだけの権力を日本人（とみなされた人々）がもっている状況なのだ。それこそが「日本人らしさ（日本人性）」が、日本社会における「マジョリティ性」だということの意味なのである[5]。

日本社会において「日本人らしさ」がマジョリティ性であるという、多くの日本人にとって「あたりまえ」と感じるであろうことが、なぜ問題になるのか。それを理解するためには、「白人性研究」の視点が参考になる。アメリカ合衆国を中心に数多く行われるようになった「白人」を主題にした人文・社会科学的研究は、マジョリティとしての白人を特権化する社会構造のあり方を可視化しようとしてきた。松尾知明は白人性研究を手がかりに、日本社会における「日本人性（日本人らしさ）」とは「外国人ではないこと」、すなわち日本人ではないとみなされる他者との差異によって定義されると論じる[6]。日本社会に住む日本人にとって、自分が日本人であることは「ふつう」のことであるため、普段ことさらに意識することはない。つ

5　もちろん、実際には「日本人」とみなされる人々が、日本社会のあり方を決める権利を等しく有しているわけではない。後述するように、マジョリティ性とは「程度の問題」である。たとえ社会的地位の低い「日本人」でも、「外国人に比べれば、日本人が日本社会のあり方について決めるのが当然だ」と見なされるとき、その人は外国人に対してマジョリティ性をもつことになる。

まり自分が日本人であることは「無徴化」され「不可視」である。しかし考えてみれば、ある人の価値観や文化、行動様式がその社会の「ふつう＝標準」とされるということは、その人を圧倒的に優位な立場に立たせる。他の人は努力して「ふつう」に合わせなければならないのに、その人自身は何の努力もせずとも、自分のやり方に他人が勝手に合わせてくれるからだ。日本人性が「ふつう」とされる社会では、日本人とみなされる人々が特権的な立場に立っていることが「あたりまえ」なこととされ、それが問題だと認識されることすらないのだ。

4．水に流せる／流せない人々

したがって、この「日本人の優位」という特権をもたない人々（ここでは主に先住民族や外国人住民などの民族的マイノリティ）は、社会的に不利な立場に置かれやすくなる。もちろんマイノリティの人々も必死に努力するものの、不平等なルールのなかでの競争を強いられ、理不尽な差別にさらされる結果、貧困や社会的排除の状況に追い込まれることも多い。なかには、自分たちを排除した日本人や日本社会に対する不満を募らせる人々も現れる。

『パッチギ』は、1960年代の京都を舞台にした、在日コリアンの人々と日本人青年との交流を描いた映画である。物語の後半、日本人不良グループとのけんか騒ぎのなかで甥を亡くした在日コリアンの老人が、葬儀の場で、死んだ甥の親友であった日本人青年の康介を拒絶する。

6　松尾知明「問い直される日本人性―白人性研究を手がかりに」渡戸一郎・井沢泰樹編著『多民族化社会・日本―〈多文化共生〉の社会的リアリティを問い直す』明石書店、2010年、191-209頁．

「お前、淀川のしじみ食ったことあるか？」
振り絞るように叔父が、話しながら康介を睨んでいる。康介を見るというより、その目はもっと大きなものにぶつけられているのかもしれない。……
「ウリナラで田植えしとった！　紙きれ突きつけられて、トラック放り込まれたんよ、ハラモニ泣いとった、田んぼひっくり返って泣いとったよ！　釜山から船で、海、飛び降りて死んだろうか思った！」
　叔父たちは日本が朝鮮を植民地にしていた時代に、強制的に日本に連れられてきた。そのときの事はどんなに歳月が過ぎようとも忘れることができず、目を瞑ると夜中だろうと明け方だろうと蘇り、震えが止まらなくなる。小さいころに、稲穂を踏みつけてやってきた連中が鬼のように見えたことなど、何度もチェドキは聞かされた。
「国、空っぽになるほど連れて来られたよぉー！　お前らニッポンのガキ、なに知ってる、知らんかったらこの先もずーっと知らんやろ、バカタレ！」
　アポジの声は、途中かしわがれて涙声になっていた。すすり泣く声が部屋にあふれていた。
「ワシらは、お前らと違うんやぞ」[7]

　この老人の批判を理屈では分かるが、感情的には受け入れられないという日本人読者もいるのではないだろうか。ありがちな応答は、「なんでマイノリティたちは過去にそれほどこだわるのだろうか。過ぎたことにいちいちこだわらずに、将来どうするかについて考え

7　朝山実『パッチギ！』（ノベライズ版）キネマ旬報社、2005年、220-221頁.

ればいいではないか」、つまり「済んだことは水に流そう」という主張である。「郷に入れば郷に従え」と同じように、これも一見するともっともな主張に思える。そこで「済んだことは水に流そう」という考え方の何が問題なのかを理解するために、過去を「済んだことにできない」人々のことを考えてみよう。過去に起こった出来事があまりに深刻だったために、それを現在の生活にまで引きずっている人々、つまり、加害者によってトラウマを背負わされた被害者たちのことである。

宮地尚子が指摘するように、誰かにトラウマを負わせた加害者たちの多くは、被害者が告発しようとしたときにはどこかに姿を消している。トラウマの原因となった出来事を経験し、何とか生き延びた被害者たちが、自分に何が起こったのか、自分がなぜこれほどまでに傷ついたのかを理解し、加害者を糾弾しようと決意する頃には、かなりの時間が経過していることがほとんどだからだ。にもかかわらず、被害者たちはその出来事を、まるで昨日起きたかのように追体験し続ける。被害者は、加害者が今も自分の周囲にいるのではないかという幻想から逃れることができない[8]。

マイノリティの人々にとっての過去は、トラウマの経験と似たところがある（もちろん、『パッチギ！』の老人のように、多くのマイノリティが差別や迫害などによって実際にトラウマを負わされている）。彼・彼女たちが自分の出自や経験にこだわるのは、彼・彼女たちが現在直面している状況に過去が影響を与え続けているがゆえに「こだわらざるを得ない」からなのである。にもかからず、マジョリティの人々がマイノリティの人々に「過ぎたことは水に流そう」ということは欺瞞的で、暴力的ですらある。そもそも、彼・彼女たちが

---
8 宮地尚子『環状島―トラウマの地政学』みすず書房、2007年、153-168頁.

過去にこだわらざるを得ない状況を生み出したのはマジョリティの側なのだから。マイノリティの人々にとって、過去を「過ぎたこと」として「水に流す」のは、自らが置かれた現在の苦境をマジョリティに訴えかけることも、マジョリティと正面から向き合うことで自らの過去のトラウマを克服することも、あきらめてしまうことに他ならないだろう。

　ある社会でマジョリティである人は、自分のアイデンティティやルーツについて普段はそれほどこだわらずに済む。なぜなら、彼・彼女たちはマジョリティであるがゆえに、自らのルーツやアイデンティティが現在の自分の生活を束縛して不利益を与えるような状況に置かれることが少ないからだ。逆に、ある社会でマイノリティの立場に置かれる人は、自分のルーツやアイデンティティを容易には「水に流せない」。それらは現在の彼・彼女らを現在の苦境に縛り付けるものだからだ。「こだわらずに済む人」と「こだわらなければならない人」の差、そこに、社会におけるマジョリティ−マイノリティの社会構造が厳然として存在している。

5．和解と連累

　もちろん、すべてのマジョリティの人々がマイノリティの問題に無関心であるわけではない。なかにはマイノリティ当事者への支援活動に関わろうとする人々もいる。だが、単なる善意にもとづいて支援をするだけで、その人が加害者としてのマジョリティという立場から免責されるわけではない。マジョリティとマイノリティの関係は、その人が社会のなかでどのような位置（ポジション）にいるかという問題であり、個人の意志や感情とは直接関係がないからだ。「かわいそう」という感情のみでマイノリティの支援を行って満足している人は、無意識のうちに相手に対して自分を優位に位置づけ

ている。それゆえマイノリティの人々がマジョリティ性の優位の構造に異議を申し立てると、「せっかく親切にしてあげたのに、恩を仇で返された」と逆上してしまいがちになる（第5章参照）。

　マイノリティの人々の訴えをマジョリティの人々が受け止めるためには、自己の社会観や存在意義を安全な場所に保ったまま「善意」で支援するだけではだめなのだ。自分自身がマジョリティとしての特権を享受してきたがゆえに、少なくとも潜在的にはマイノリティにとっての加害者であったのかもしれないことに気づかなければならない。宮地は、トラウマの被害者と加害者の和解の可能性について次のように述べる。

　　すでに終わったはずのことが、被害者にとっては何も終わっていないということ。生々しい現実として感じられ、これからもずっと続くように感じられること。加害者は被害者を支配し続け、過去のみならず、被害者の現在と未来をも侵襲し続けていること。そういった理解は、加害者と被害者の「和解」の可能性について、加害者の謝罪や償い、被害者の赦しや回復について考えるうえでも役に立つ[9]。

　しかし、マイノリティに対して直接悪いことをしたわけではない人々がそのような意識をもつことは難しい。自分が直接手を下していないことにまで責任を取らされてはたまらない、と思う人が大半なのではないだろうか。マイノリティの人々と関わりを持ったことのない人、そもそもマイノリティの存在すら詳しくは知らない大多数の人々にとってはなおさらだろう。

9　宮地前掲書、164頁.

英国生まれの歴史学者テッサ・モーリス＝スズキは、成人してからオーストラリアに移住した。自分の故郷でも先祖の出身地でもないオーストラリアで18世紀末以来続いてきた、白人社会による先住民族に対する不正義と自分との関わりを、彼女は次のように表現する。

　わたしは実際に〔先住民族の〕土地を収奪しなかったかもしれないが、その盗まれた土地の上に住む。わたしは虐殺を実際に行わなかったかもしれないが、虐殺の記憶を抹殺するプロセスに関与する、わたしは「他者」を具体的に迫害しなかったかもしれないが、正当な対応がなされていない過去の迫害によって受益した社会に生きている[10]。

このような関係をモーリス＝スズキは「連累」と表現する。それは、自分が直接関与していない過去に起こった不正義と自分が「事後共犯」の関係にあると認めることであり、その限りにおいてその出来事の帰結に対して責任を取る態度である。

　わたしたちが今、それを撤去する努力を怠れば、過去の侵略的暴力行為によって生起した差別と排除は、現世代の心の中に生き続ける。現在生きているわたしたちは、過去の憎悪や暴力を作らなかったかもしれないが、過去の憎悪や暴力は、何らかの程度、わたしたちが生きているこの物質世界と思想をつくったのであり、それがもたらしたものを「解体」するためにわたしたちが積極的な一歩を踏み出さない限り、過去の憎悪や暴力はなおこの世界を

10　テッサ・モーリス＝スズキ『批判的想像力のために―グローバル化時代の日本』平凡社、2002年、57頁．

作りつづけていくだろう。
　すなわち、「責任」はわたしたちが作った。しかし「連累」は、わたしたちを作った（強調は原文通り）[11]。

　オーストラリアでは、先住民族への過去の不正義に対する政府の公式謝罪が2008年に実施された。アイヌ民族が先住民族であることがようやく公式に認められつつある日本においても、先住民族への公式な謝罪・補償を経た和解の取り組みが求められる。そうでなければ、日本人たちはいつまでも先住民族に対する負い目を抱えながら生きていくはめになる。結局のところ、現代の日本人にとっても、この土地は自分の「郷」に他ならないのであり、私たちが直接不正義に手を染めなかったとしても、過去に「盗まれた」土地の上に築かれた社会の恩恵を享受して成長してきたという連累が私たちにはあるのだ。歴史的経緯のなかで、不幸なかたちで「郷」を共有するに至った私たちと彼・彼女らは、この土地のなかで共生していくための対話を行うより他はない。そして日本において先住民族の権利回復が進んでいない現状がある以上、日本人が外国人・移民に「郷に入れば郷に従え」と命じる権利の根拠は厳しく問いただされなければならない。

　なお本章では論旨を明快にするために、あえて「日本人」と「外国人」を明確に区別して論じた。しかし次章で論じるように、実際には「日本人」も「外国人」も「ハイブリッドな」存在であり、その境界をはっきり区別することはますます難しくなりつつある。だがそれでも、この社会におけるマジョリティとマイノリティの関係がなくなることはない。なぜならマイノリティ／マジョリティとは

11　同上書、57-58頁.

個人の属性ではなく、社会において個人がどのように位置づけられるかという「立場（ポジション）」だからだ。それゆえその人がどんな人であろうと、その社会のマイノリティに位置づけられたり、マジョリティの位置を享受したりすることはありうる。そしてハージが述べたように、現代先進社会におけるマジョリティらしさとは「程度の問題」である[12]。つまり日本社会においては、より「日本人らしい」と見なされる人は、そうではない人に比べて、よりマジョリティの立場を享受しやすくなる。ハイブリッド化された社会では、「どれだけマジョリティらしいか」を基準として人々が序列化されていくのだ。次章では、こうしたハイブリディティとポジショナリティの関係について詳しく考察する。

---

12 ハージ前掲書、99-153頁.

第3章 マイノリティと差異

1．多文化共生とオリエンタリズム

　ここまで論じてきたように、行政のスローガンとしての「多文化共生」は主にニューカマー外国人を対象とし、在日コリアンの存在を軽視しがちであった。またアイヌ民族や琉球・沖縄民族は無視されることがほとんどであった。多文化共生施策の主な対象とされる「外国人」は、文化や言語の違いによって明確に「日本人」とは区別される。その結果、「(ニューカマー) 外国人」は日本社会におけるマジョリティ性を構成する「日本語」が話せず、「日本文化」にも不慣れな人々とされ、日本人が外国人に対して必然的に優位に立つことになる。多文化共生の推進者であっても、この「日本人(マジョリティ性)の優位」の幻想から自由になることは難しい。

　ガッサン・ハージが述べたように、マジョリティ性の優位の幻想とはマジョリティ国民が自国内のマイノリティに向ける「うちなるオリエンタリズム」のまなざしである[1]。オリエンタリズム概念を世に広めたエドワード・サイードは、この言葉を「東洋」と「西洋」とのあいだには本質的な差異があるという「西洋」の人々の思考・支配の様式と、それに基づく言説 (共通の前提によって統一された言語使用の領域) として再定義した。サイードによれば、オリエンタリズムとは「現実についての政治的ヴィジョンなのであり、身うち

1　ガッサン・ハージ (保苅実・塩原良和訳)『ホワイト・ネイション―ネオ・ナショナリズム批判』平凡社、2003年、41頁.

（ヨーロッパ、西洋、「我々」）と、他人（オリエント、東洋、「彼ら」）とのあいだの差異を拡張する構造をもつ」[2]。この二項対立的世界観において、「西洋」は先進性、普遍性、合理性、進歩、能動性、拡張性といった特徴をもつとされるのに対し、「東洋」には後進性、奇矯性、官能性、停滞、受動性、被浸透性といったレッテルが貼られる。「西洋」の人々は自らの理想とするものの正反対のイメージを「東洋」に割り当てることで、自分自身のアイデンティティを形成していったのである。こうして「東洋」の人々は、自分で自分を代表することができず、だれかに代表してもらわなければならない人々として描き出される。オリエンタリズムは「西洋」による「東洋」の支配（植民地主義）を正当化する支配の様式として、政治の場のみならずさまざまな芸術・創造活動を通じて再生産され強化されていった。

　近代日本は、西洋からのオリエンタリズムのまなざしの対象であった。しかし後発植民地帝国として台頭した日本もまた、国内の少数・先住民族や植民地の人々に対してオリエンタリズムのまなざしを向けた。姜尚中が論じたように、近代日本の知識人や学問の言説では、朝鮮半島や中国をはじめとしたアジアは未開で劣等な社会として表象された。そのいっぽうで、日本は他のアジア諸国とは本質的に異なるがゆえに近代化に成功したとされた。こうして、未開で劣等なアジアの人々を日本が代表しなければならないという帝国主義の論理が強化されていった[3]。また北海道の「開拓」や琉球「処分」も、アイヌ民族や琉球・沖縄民族の視点に立てば植民地化であり[4]、こうした人々もまた日本人（和人・ヤマトンチュ）からのオリエン

2　エドワード・W. サイード（今沢紀子訳）『オリエンタリズム』平凡社、1986 年、43 頁.
3　姜尚中『オリエンタリズムの彼方へ―近代文化批判』岩波書店、1996 年、82-146 頁.
4　上村英明『先住民族の〈近代史〉―植民地主義を超えるために』平凡社、2001 年、94-159 頁.

タリズムのまなざしの対象になった。その典型が「人類館事件」である。1903年に開催された内国勧業博覧会で設けられた「学術人類館」という施設では、琉球・沖縄の人々やアイヌ民族の人々が、台湾千（原）住民族などともに、再現された伝統的家屋のなかで生身の人間として「展示」され、日本人の好奇の視線にさらされたのだった[5]。

第二次世界大戦の敗戦後の日本社会でも、日本人（ヤマトンチュ・和人）による在日コリアン、アイヌ民族、琉球・沖縄に対するオリエンタリズムの視線は継続している。オリエンタリズムは単なる差別や偏見の問題ではなく、人々にそのような意識をもたらす言説と、それを形成した歴史や社会構造の問題なのだ。つまりそれは、今日まで継続する植民地主義に他ならない。しかし行政などによって推奨される多文化共生というスローガンは、マイノリティとマジョリティの関係の背後にある歴史や社会構造の問題を隠蔽する（第1章参照）。その結果、差別や偏見は「意識啓発」によって解消できる問題だとされる。こうしてニューカマー外国人との多文化共生が行政によって強調されるほど、在日コリアンや少数・先住民族に対する植民地主義の継続という問題が隠ぺいされてしまう[6]。さらに先述したように、ニューカマー外国人たちもまた多文化共生の名の下に、日本社会における日本人よりも劣った存在としてオリエンタリズムの言説に取り込まれてしまう。その結果、多文化共生というスローガンは、外国人を教え導いて日本社会に適応「させてあげる」

---

5 琉球・沖縄やアイヌ民族に向けられたコロニアルなまなざしへの批判として以下の2冊が（筆者のポジショナリティや語り口はまるで違うが）参考になる。野村浩也『無意識の植民地主義―日本人の米軍基地と沖縄人』御茶の水書房、2005年. テッサ・モーリス＝鈴木『辺境から眺める―アイヌが経験する近代』みすず書房、2000年.
6 藤岡美恵子「植民地主義の克服と『多文化共生』論」中野憲志編『制裁論を超えて―朝鮮半島と日本の〈平和〉を紡ぐ』新評論、2007年、34-77頁.

という同化主義的態度と共謀することになる。

2．文化本質主義とハイブリディティ

　マジョリティの文化や価値観を無意識のうちに前提視する発想を改め、異文化を劣等視しない文化相対主義を徹底することができれば、多文化共生が同化主義との共謀に陥るのを避けられるかもしれない。しかしその場合にも、「異文化理解」実践が伴う文化本質主義という別の問題が生じる。

　多文化共生という理念が、異文化を理解することが大切であるという信念を前提としていることに異論の余地はない。しかし、いざ「異文化理解」を試みようとすればするほど、相手を誤解してしまうことがよくある。「異文化」について知ろうとするあまり、相手がひとりの「人」であることを忘れてしまうからだ。もちろん、人間はみな同じだからわかりあえる、といった安易な話をしているわけではない。人間はひとりひとり異なり、わかりあえるときもあればそうではないときもある。そのことを分かっているはずの私たちが、「日本人」が常に「日本文化」に従うように行動し、「非‐日本人」は全員が常に自分の属する民族文化に従って行動していると思いこみがちになることが問題なのだ。

　たとえば馬渕仁は、教育現場やビジネスの場などで語られ、他者理解や共生の重要性を強調する「異文化理解」言説が、異なる民族を日本人とは本質的に異なる差異をもった同質的な集団とみなす傾向があると指摘する[7]。そうした言説では、その文化に属する人々に共通の本質があることの根拠として特定のエピソードが過剰に一般化される。その結果、日本文化と異文化は決定的に異なるものと

7　馬渕仁『クリティーク多文化、異文化―文化の捉え方を超克する』東信堂、2010 年、68-143 頁．

され、「日本人」の独自性が強調される。また「日本人」と呼ばれる人々の内部にある多様性も無視される。こうした文化本質主義的思考に基づく限り、異文化についての知識を得れば得るほど「〇〇人とはこういうものだ」というステレオタイプだけが増長される。そして自分の目の前にいる外国人の行動や言葉を、すべて民族・文化の違いによって説明するようになり、その人自身をひとりの人間として見る視点をもてなくなってしまう。

　だが、異文化・異民族を一枚岩的にとらえる文化本質主義は、つねに現実とは異なっている。故郷を離れて見知らぬ国・地域へと移住する移民・外国人が、移住先で暮らし始めた瞬間に、故郷で育み内面化してきた生活様式、言語、習慣、価値観をすべてなかったことにできるわけはない。移住者は移住先の文化にただちに完全に同化することはできず、自らの文化を受け継ぎながら異なる文化のなかで暮らしていくのである。しかしいっぽうで移住経験は異文化との接触の連続でもあり、それまで自分が親しんできたものとは異なる生活様式や価値観にある程度適応できなければ生きていけない。それゆえ移住者の生活空間は、自分が生まれ育った文化と移住先の文化とが絶えず接触する領域となっていく。移住者たちはそうした日常を生きるなかで、移住先社会の文化や価値観と絶えず交渉し、自己変容を繰り返していく。故郷の文化や価値観をすべて棄て去ってしまいたいと願う移住者もいるかもしれないが、いくら努力してもその土地のネイティブと完全に同じになることは不可能である。逆に自分のやり方を何一つ変えずにいたいと思っても、移住者たちが故郷から持ち込んだ文化や価値観は否応なく変化していく。したがって移住者たちの自己や日常は常に「ハイブリッドな」ものとなる。また彼・彼女たちの子どもの世代は、親から受け継いだ文化と自分が生まれ育つ社会とのはざまで、さらに深くハイブリッド化さ

れた自己と日常を生きる。彼・彼女たちは「本質的にハイブリッドな」存在なのである。

異文化理解言説に潜む文化本質主義のまなざしにとらわれていては、移住者がハイブリッドな存在として、ハイブリッドな日常を生きていることが見えてこない。「あの人は中国人だから、こういう生活をしているに違いない」と思ってしまえば、その暮らしが移住後にどう変化し、いま現在どのような課題を抱えているのかが見えてこない。「あの人は韓国人だから、こう思うに違いない」と決めつけてしまえば、異文化のはざまで揺らぎ、葛藤するその人の思いが見えなくなってしまう。

3．差異の固定化とポジショナリティ

だが、「本質的にハイブリッド」なのは、移住者たちだけなのだろうか。移住者ではない人々もまた、ハイブリッドな日常を生きているのではないだろうか。あなたは自分が「日本人」であることにこだわっているのだろうか。では、あなたの信じている「日本文化」とは具体的になんだろうか。「古い」文化が好きな人なら、お茶や生け花、落語や歌舞伎だろうか。しかし英国の歴史学者エリック・ホブズボームが論じたように、こうした「古い」とされる文化も、近代に入ってから大きく変化したものであったり、場合によっては誰かが意図的につくり変えたり創造（ねつ造）したものではないだろうか[8]。あるいは、あなたはマンガやアニメに代表される「クール・ジャパン」と呼ばれる日本文化に愛着をもっているのだろうか。だが言うまでもなく、マンガやアニメといったメディアそのものが日本独特なわけではない。これらは近年になって急速に進んだ文化の

8　エリック・ホブズボーム／テレンス・レンジャー編（前川啓治・梶原景昭訳）『創られた伝統』紀伊國屋書店、1992年.

グローバル化による、ハイブリッドな産物に他ならないのだ[9]。もちろん、生け花とアニメに通底する「日本文化の本質」があると信じるのは自由である。しかし、たとえば年輩の日本人たちが「最近の若者の言葉遣いはなっていない。日本文化の本質に立ち返るべきだ」といって若者がケータイやツイッターで使う独特な言葉遣いや「デコメ」を禁じたらどうだろう。そういう大人たち自身、若い頃には年長の日本人に同じようなことを言われていただろうに。他の文化と同じように「日本文化」も多様な側面をもち絶えず変わるものであり、何をその「本質」として受け入れるかは出身地や世代、社会的立場によって異なるのだ。

　ということは、かくも多様で変化する文化を内面化して形成される私たちのアイデンティティも、絶えず変化しているということである。西洋に倣ってつくられた近代的・世俗主義的な教育制度で学び、世界中をつなぐ交通・流通システムによってもたらされたさまざまな製品やサービスを享受し、メディアを通じて世界中の情報や文化をリアルタイムで受信しながら成長した日本人のアイデンティティが、「日本文化」だけで形成されていることなどありえない。そもそも、「文化」というものは絶えず変化し続けるハイブリッドなものであることはすでに述べた。こうした文化を取り込みながら形成された私たちの自己は、その内部にさまざまな差異を抱えたハイブリッドな形成物なのである。私たちはこの「うちなる差異」を状況に応じて無意識に使い分けている。かつては青年期を経て自己アイデンティティがいったん形成されれば、いついかなるときでも「ほんとうの自分」が自己のうちにあると信じることができたかもしれない。しかしそのような揺るぎない自己への信頼をもつことは、

9　岩渕功一『文化の対話力―ソフト・パワーとブランド・ナショナリズムを越えて』日本経済新聞出版社、2007年、75-119頁.

現代に生きる私たちにはますます難しくなっている。時と場面と相手に応じて自己のうちなる差異を使い分けながら、私たちは自己呈示している。常に変わらない「ほんとうの自分」があるのではなく、あるときはこういう自分、またあるときはこういう自分と場面に応じてさまざまな自己を表現しつつ、そのすべてがほんとうの自分でもあり、ほんとうの自分ではない。アルベルト・メルッチが述べたように、現代社会における自己とは多重／多層／多面的なものとして形成されていく「アイデンティティゼーション」のプロセスとみなされるべきなのだ[10]。

にもかかわらず、私たちは自分が多様な差異を抱えた存在であることを他人に理解してもらえないことがある。それどころか、「お前は○○という者だ」と周囲の人から決めつけられ、それ以外の自分の側面を認めてもらえなくなることもある。周囲の人や社会によるレッテル貼り（ラベリング）は、私たちに「○○」以外の生き方をするのを許さない暴力そのものだ[11]。とりわけ、こうして「固定化」された差異がネガティブな意味をもつとき、そのラベリングはその人を社会的に不利な立場に追いやり、そこから抜け出すのを難しくしてしまう。その差異は身体に刻み込まれた烙印（「スティグマ」）のように、その人に常に付きまとう。こうして「マイノリティ」と呼ばれる人々が誕生する。

「マイノリティ」とは、その社会でネガティブだとされる差異（マイノリティ性）を有しているがゆえに不利な立場に置かれた人々のことをいう。それは単に人数が多いか少ないかの問題ではないし、外見や皮膚の色など遺伝的・生物学的な特性だけでその人がマイノ

---

[10] アルベルト・メルッチ（新原道信他訳）『プレイング・セルフ―惑星社会における人間と意味』ハーベスト社、2008 年、65-68 頁.
[11] 高橋舞『人間成長を阻害しないことに焦点化する教育学―いま必要な共生教育とは』ココ出版、2009 年.

リティかどうか決まるわけでもない。マイノリティであるということは（そしてマジョリティであるということも）、人間の属性そのものではなく、その人間が社会の中でどのような立場（ポジション）に置かれているのかを表す言葉だからだ。その人がもっている無数の差異のうちのどれかが、他者（社会）によって名指しされ、本質化されることで、その人はマイノリティの立場に置かれる。したがって同じ人であっても、自分を取り巻く社会が変わればマジョリティの立場に立つことも、マイノリティの立場に立つこともある。ただしマイノリティとしてのスティグマが強ければ強いほど、その人はいついかなるときでもマイノリティとして扱われがちである。たとえば男尊女卑の気風が強い職場においては「女性」とみなされればマイノリティ性をもつことになるが、より「開かれた」職場ではそうとは限らない。しかし、「障がい者」とみなされれば、現代の日本の職場の大半においてマイノリティ性を強くもつことになる。人種・民族的違いや同性愛者、身体・精神障がい者といった差異がネガティブな意味を強くもつ場面は、日本社会ではまだまだ多い。

　こうした差異を固定化されスティグマを負った人々は、社会生活の多くの場面で不利な立場に置かれてしまう。それを避けるため、自分がそのような差異をもっていることを隠して、マジョリティに「なりすまして」（パッシング）生きようとする人々もいる。しかし、自己の一部に他ならない差異を「隠す」ということ自体が、その人の自尊心を損ない、自己表現の自由を奪う。それによって自己実現の機会が減少したり、精神的な傷を負うことすらある。隠したり「なりすます」ことで、マイノリティの立場から自由になれるわけではないのだ。

4．アイデンティティ・ポリティクス

　自らの内面にある差異を否定することは、自分自身を否定することだ。そうであるならば、人がマイノリティの立場から解放されるためには、自己を束縛する差異から逃げるのではなく、社会が自分のもつ差異に与えている価値を、ネガティブな価値からポジティブな価値へと変えていくほうがよい[12]。こうした戦略は「アイデンティティ・ポリティクス」と呼ばれる。マイノリティの人々は、それまで隠していた自らの差異をカミングアウトすることで自己の尊厳の回復を図ろうとする。そうした差異をその人にとって自己の実存やアイデンティティの根幹をなすもの、すなわちその人の尊厳を保障する「本質」であると主張することで、その差異と共に生きることを社会に承認させようとするのだ。アイデンティティ・ポリティクスの一環としてなされる、このような文化本質主義の主張を「戦略的本質主義」と呼ぶことがある。

　アイデンティティ・ポリティクスは、支配的な価値観によって自らの差異をネガティブなものとしてスティグマ化された人々が、その差異のもつ意味をポジティブなものに変えてしまおうとする挑戦である。したがって支配的な価値観に順応している人々にとって、それは既成の秩序を乱す逸脱行為にみえる。それゆえマジョリティの人々は、マイノリティたちが本質主義的な言葉を使って自らの文化やアイデンティティを表現することを忌み嫌うことが多い。マイノリティは自らの文化にこだわり、社会を分裂させる危険な存在とされる。しかし実際に起こっていることは、それとは正反対であることも多い。

　もしマイノリティが社会に参加するのに本当に何の障害もないの

12　スチュアート・ホール「新旧のアイデンティティ、新旧のエスニシティ」A. D. キング編（山中弘他訳）『文化とグローバル化』玉川大学出版部、1999年、67-104頁.

であれば、彼・彼女たちはより条件がよく威信の高い職や社会的地位を求め、マジョリティ中心に構成された社会（主流社会）に参入しようとするだろう。その際、主流社会の文化や価値観に完全に同化しようと試みる者もいるかもしれない。しかし実は、同化はマイノリティにとって不公平な参入の仕方である。なぜなら、自分の慣れ親しんだ文化や価値観を棄て去り、主流社会のそれを一から学びなおしたうえで、マジョリティの人々と社会的上昇をめぐって競争しなければならないからだ。それは相手は慣れているが自分にとってはまったく不慣れなルールで異種格闘技の試合をするようなものだ。ましてや自文化やアイデンティティを否定され自信や誇りを奪われた精神状態では、よほどのことがないかぎり互角の勝負は望めない。

　それでもマイノリティの人々は、生きていくために勝負に挑まなければならない。そのために、彼・彼女らは自らの文化やアイデンティティへの承認を求め、それによって得た自信を糧に社会へと参加していこうとする。つまりアイデンティティ・ポリティクスとは主流社会からの逃避ではなく、少しでも不利な条件を緩和したうえで社会に参加していこうとするマイノリティの戦略なのである。ただし社会に参加し競争の中で力をつけたマイノリティたちが、自分たちに不利なルールをより公平なものへと改正するようにマジョリティ側に要求することはありうる（第6章参照）。マジョリティ性の優位を自明視している人々からしてみれば、それこそマイノリティによる社会の分裂の企てに見えてしまうかもしれない。しかし考えてみれば、社会のルールをより公平にするようにその社会の構成員が要求するのは、ごく普通の民主主義の政治プロセスではないだろうか。マジョリティ国民が社会を公正にするように要求することが民主主義で、マイノリティがそう要求すると「社会の分裂」だと思われてしまうことこそ、マジョリティ性の優位の幻想が大きな影

響力を保ち続けている証拠なのだ。

　いっぽう、ゲットーのように外界から隔絶された地区に住んでいるマイノリティについてはどうだろうか。マジョリティ側からみると、彼・彼女たちは自ら進んで主流社会との関わりを断っているように見えるし、場合によってはそこに住むマイノリティの人々自身も主流社会に自ら背を向けるかのような言動を示すこともある。しかしそのような状況は、主流社会側がマイノリティにとって不公平なルールでしか社会への参入を許さず、その結果不利な勝負に敗れて排除されたマイノリティたちが、生き延びるために団結し相互に助けあっている状態だと考えることもできる。団結を強めるために、マイノリティたちは自分たちの文化やアイデンティティを本質主義的に主張する。その結果、彼・彼女らは外部からの働きかけに対してますます頑なになってしまうかもしれない。それは確かに、マイノリティ自身にとっても常に良い生き方であるとは限らない。しかしマイノリティたちが主流社会に背を向けるのは、自分たちを排除する社会やマジョリティの人々から自らの尊厳を守るための精一杯の抵抗なのかもしれない。そのことに想像力が及ばないマジョリティの人々は、マイノリティの言動を「奴らは進んで社会からドロップアウトしたがっている。奴らは自分の文化にこだわる頭の固い本質主義者で、われわれと対話しようとしない。したがって奴らはわれわれの社会を分裂させようとしている」と早合点しがちである。だがそれは、もとはといえばマジョリティ側の仕掛けた排除による「自作自演」のシナリオであり、そのことをマジョリティ自身が忘れてしまっているだけなのかもしれないのだ。

5．「聞いたつもり」にならないために

　自らがマイノリティに対して行っている「自作自演」の排除に気

づくことがなければ、彼・彼女たちのアイデンティティ・ポリティクスの意味をマジョリティの人々が理解することはできないだろう。もちろん、そのことを理解してマイノリティとの対話を試みようとする人々もいる。そのようなマジョリティのなかには、マイノリティを「支援する」という発想につきまとうパターナリズム（第9章参照）やオリエンタリズム的思考を自覚し、自らがマジョリティを代弁するのではなくマイノリティ自らが語ってもらうように努める人々も少なくない。こうしたマジョリティ「支援者」たちの試みは、マイノリティ「当事者」をエンパワーメントするための貴重な取り組みである。しかし同時に、マジョリティがマイノリティの人々に「語らせる」際にも問題が起こりうることを自覚しておくべきだ。

　そもそも究極に近いところまで力を奪われたマイノリティの人々は、自分自身について語る力すら十分にはもてない。前章で述べたように、被害者性が強まれば強まるほどトラウマがその人を支配し、非‐当時者に自分の意見を論理的かつ説得力をもって伝える力を失ってしまうからだ。こうして社会的に沈黙させられた人々を支援しようとすれば、支援者が当時者を「代弁」しなければならない場面がどうしても出てくる。だがそれでは、沈黙させられている他者を代弁して語るというオリエンタリズムから逃れることは難しくなる。支援すること自体が、マジョリティ―マイノリティの権力関係を固定化してしまいかねないのだ。

　この難問に真正面から取り組むためには、マイノリティの人々と腹を割って話し合い、相手の言い分を聞きながら、お互いに修正すべきところを探るという対話を続けるほかはない。にもかかわらず、マジョリティの人々はマイノリティの話をとりあえず聞いて「尊重する」身振りを示すことで、他者の意見を否定しないが自己を変えることまではしない言い訳にすることがある。インド出身の米国の

フェミニズム研究者であるウマー・ナーラーヤンは、多文化主義に親しみ、文化的な差異に敏感であるはずの研究者のあいだに見受けられる「人類学的視点」の問題性を指摘する[13]。「人類学的視点」とは、「主流の西洋人が他者の文化に関心を持つことは重要である」、「主流の西洋人が他者の文化に興味を持つ場合、道徳的な批判をしないことが重要である」という二つの規範である。こうした規範を心得た人々は、第三世界出身の人々に「使者」「鏡」「真の当事者」という三つの役割を期待してしまいがちになる。「使者」とは、主流の西洋人に対して第三世界の社会や文化の賞賛すべき点だけを伝える（それゆえ、改善すべき点や批判すべき点は伝えない）役割である。「鏡」とは、主流の西洋人が自分たちが第三世界に対して行ってきた植民地主義を反省し、自己批判する（それゆえ、第三世界の社会そのものについては深く考えようとしない）ための題材を提供する役割である。そして「真の当事者」とは、第三世界出身の人々に第三世界の社会全体を代表／代弁して語らせる（それゆえ、西洋人はそうした人々の意見を無批判に肯定する）役割である。

　いずれの場合でも、主流の西洋人たちは第三世界出身の人々の発言を歓迎するが、それを「尊重する」という名の下に、そうした発言に批判的に応答する必要があってもそれをせず、深く議論しようとしない。それゆえ、実はこうした姿勢は、主流の西洋人と第三世界出身の人々とのあいだの真の対話を妨げているのだ。「肯定的・否定的な評価や査定なしに、人は他者を本当に知ることができるのか。そもそも、いかなる批判や規範的評価もしないで異文化について本当に知ることができるのか、疑わしい（強調は原文通り）」[14]。

13　ウマ・ナーラーヤン（塩原良和監訳）『文化を転位させる—アイデンティティ・伝統・第三世界フェミニズム』法政大学出版局、2010 年、207-265 頁.
14　同上書、248 頁.

もちろん、傲慢な西洋中心主義は否定されなければならない。そのうえで文化的差異に敏感な主流派の西洋人たちは、第三世界の人々の主張に対して批判的にならなければならないときには、反論によって自らの立場が危うくなるのを恐れずに真摯な姿勢で応答すべきだとナーラーヤンは主張する。

　……第三世界に出自を持つ私たちの多くは、「批判を免除」するという申し入れを退けるのに十分な理由がある……他者を「尊敬する」ことが、他者を「見下した」歴史に対抗するためのよい戦略だと思えるかもしれない。しかし、同じ目線で、向き合って他者と出会いたいと望む私たちにとっては、満足いくものではないのだ、と（強調は原文通り）[15]。

ナーラーヤンの主張は、異文化を理解しようとする人々が他者の文化を「尊重」するあまり、他者との対話を避けてしまうという逆説の存在を示してくれる。たとえ真剣にマイノリティの話を聞こうと思っていたとしても、私たちはしばしばそれを「聞いたつもり」になって、批判をしないことで自分の文化や価値観を守ろうとしてしまうのだ。これが保苅実のいう、異なる他者と対峙する際に私たちがしばしば行いがちな「尊重の政治学」である[16]。では「聞いたつもり」になることなく、異なる他者どうしが対話の関係に入るにはどうしたらいいのか。ナーラーヤンが述べたように、そして次章以降でも論じるように、これこそがグローバリゼーションが進む世界において多文化主義が取り組むべき課題なのである。

15　同上書、256頁.
16　保苅実『ラディカル・オーラル・ヒストリー——オーストラリア先住民アボリジニの歴史実践』御茶の水書房、2004年、4-45頁.

第4章 多文化主義の台頭とその批判

1. わかりあえない人々?

　グローバリゼーションとは、資本主義市場経済の拡大とともに国境を含むあらゆる境界がゆらぎ、世界中で政治・経済・社会・文化の相互浸透・相互依存が進行する過程である。国と国・文化と文化の境界線のゆらぎは、私たちがこれまでよりも多くの異なる他者と接触する可能性を高める。それは、そうした他者からの呼びかけにどう対処するのかという課題をより重要なものにする。だが、その課題を異文化理解や異文化コミュニケーションという言葉で表現してしまうと、どこか楽天的に響いてしまう。自分とは異なる文化をもった人々とのコミュニケーションは楽しい。ときには誤解や摩擦もあるかもしれないが、それはお互いの歩み寄りの努力で克服できるものであり、それによって私たちは相手と友だちになり、自分にとって有意義な知識や視点を得ることができる、というわけだ。

　だが、他者からの呼びかけは、常に好意的であるとは限らない。相手が海外旅行先で出会った異国の住人ではなく、自分の社会に住んでいるマイノリティであった場合にはなおさらである。マイノリティからマジョリティへの問いかけは主流社会における不公正の告発や、そうした不公正な社会構造から恩恵を受けてきたマジョリティの人々の連累（第2章参照）への糾弾をしばしば含むからだ。

　前章で述べたように、皮相な異文化理解はマジョリティがマイノリティの異議申し立てに誠実に向き合うことを妨げがちである。エ

スニック・マイノリティの人々の告発や糾弾は、そうした人々がマジョリティたちのことをよく知らないがゆえの誤解や偏見だとされる。マイノリティたちの訴えようとする社会構造の問題が、異文化間のコミュニケーション不足の問題へとすり替えられてしまうのだ。あの人たちは日本の文化や日本語がわからないから、日本社会のことを誤解している。もっと日本のことをよく知れば日本のことを好きになってくれるに違いない、というわけだ。かくして善意の日本人たちは、外国人住民と「仲良くなって」「友だち」になれれば、彼・彼女たちの不満もなくなると考え、異文化理解に励む。それに面食らった外国人住民が、それでも自分たちを取り巻く差別や不公正を訴え続けると、日本人たちは「せっかく友だちになろうと努力しているのに、あの人たちはわかってくれない」と失望し、「やはり、文化が違う人とはわかりあえない」と思い込むようになる。

　このように、エスニック・マイノリティを「文化の違いゆえに、わかりあえない人々」、すなわち共役不可能な他者とみなすまなざしは、マイノリティが直面する社会構造上の問題を文化の違いの問題と履き違えることから生じる。もちろん、マイノリティの抱える問題のすべてを社会構造に還元することはできない。異なる他者とのあいだには「わかりあえない＝共役不可能」な部分が必ず存在するし、文化の違いからくる誤解や偏見も確かに存在する。また前章で論じたように、マイノリティの人々自身が自文化に誇りをもち、マジョリティ文化との差異をあえて強調することも多い。しかしそのようにして強調された文化的差異は、マイノリティとマジョリティがわかりあえない結果であっても原因ではない。原因は文化の違いにあるのではなく、文化の違いが問題視される社会にある。

2. 同質化・差異化・標準化

　そもそもグローバリゼーションの進行には、世界中の文化を同質化させる側面があることを確認しておかねばならない。かつてアーネスト・ゲルナーが看破したように、前期近代における産業化の進行には人々を同質化していく側面が確かにあった[1]。産業化には多数の労働力が必要であり、都市化の進行により農村部から流入し工業労働者となった人々がマニュアル化された生産労働に従事するためには、言語的に同質化される必要があった。そして農村から離れて伝統的な地縁血縁関係から切り離された労働者たちも、新たな社会的結びつきを必要とした。こうして国家単位で均質的な言語・文化を創出するために、同一言語による標準化された教育を国家が運営するようになっていった。

　産業化が世界規模で拡大し加速していくことで、教育や言語のグローバルな同質化が進行する。またグローバリゼーションは大量消費文化も世界中に浸透させる。一見すると、それらは資本主義世界システムの中心である西洋諸国の文化への同質化に見える。西洋、とりわけ米国の生活様式・消費主義・メディア文化の普及によってそれ以外の国や地域の文化が破壊されることを憂慮する「文化帝国主義」「アメリカニズム」批判は、そうした見方の典型である[2]。

　しかしもちろん、グローバリゼーションは文化をただ同質にするわけではない。文化はまた、国境を越えて普及しながら現地の文脈に沿って多様なものになっていく（「グローカリゼーション（土着化）」）。グローバリゼーションとは、文化やアイデンティティが同質化と差異化を繰り返しながら拡散していく「グローバル−ローカ

---

[1] アーネスト・ゲルナー（加藤節監訳）『民族とナショナリズム』岩波書店、2000年.
[2] 文化帝国主義論やアメリカニズム批判への批判的再検討として、ジョン・トムリンソン（片岡信訳）『グローバリゼーション―文化帝国主義を超えて』青土社、2000年を参照。

ル・モデル」とでもいうべきプロセスなのである[3]。それは越境する文化が定着する際、現地の文化と混ざり合って新たな文化を生み出すプロセスでもある。前章でも述べたように、差異化とは文化のハイブリッド化でもあるのだ。

　その一方で、世界中がひとつの市場になると、商品やサービスを世界中に流通させるために生産様式における「グローバル・スタンダード」が設定・遵守されるようになる。たとえばジョージ・リッツァは、合理化が徹底的に推し進められた結果出現した「標準化」された労働や経営・組織のあり方を「マクドナルド化」と呼んだ[4]。マクドナルド化の原理は（1）効率性（2）計算可能性（3）予測可能性（4）正確な技術による制御という4つの要素から成り立っている。すなわち、消費者によってもっとも効率的な商品をマニュアルによって効率化された労働と徹底的な機械化によって大量に生産するということである。このマクドナルド化という組織原理は、ファストフード業界だけではなく幅広い産業に浸透している。わたしたちの周囲にも、マクドナルド化の原理に少なくとも部分的に支配された職場が溢れている。だがマクドナルド化しているのは生産の現場だけではない。教育（マークシート試験やマニュアル化された教材）、医療・保健（病院経営の効率化と「マック医師」）、家庭生活（冷凍食品や出来合いの総菜による食事、ショッピングセンター、コンビニ）、娯楽（レンタルDVD、パック旅行、ホテルチェーン）など、私たちの生活領域や消費のあり方にマクドナルド化の原理が浸透し、ますます世界中に広まっていく。こうして人々の生活が標準化されることで、人々が世界中のあらゆる場所で同じように労働し、同じような

3　小川（西秋）洋子他編著『〈グローバル化〉の社会学—循環するメディアと生命』恒星社厚生閣、2010年．
4　ジョージ・リッツア（正岡寛司監訳）『マクドナルド化する社会』早稲田大学出版部、1999年．

消費生活を行うことが可能になる。

　このように、グローバリゼーションによって文化やアイデンティティは同質化しながら差異化（ハイブリッド化）していくが、その土台としての人々の政治・経済・社会生活は圧倒的な力で標準化されていく。周囲を見渡せば、私たちはこの同質化・差異化・標準化の同時進行の事例を容易に見出すことができる。たとえば、ビジネスの世界において英語はもはやグローバル・スタンダードであるという企業の要請に敏感に反応して、日本人大学生の多くは他の勉強そっちのけで英語学習に励んでいる。確かにそのような側面はあるだろう。ただし非西洋諸国が経済的に台頭し、さまざまな文化的出自をもつビジネスマンが世界で活躍している現在、インド風の英語、シンガポール風の英語、香港風の英語など、世界のビジネス界で話されている英語は実は差異化／ハイブリッド化している。にもかかわらず、イギリス英語やアメリカ英語が「本物の」英語とみなされる状況は根強く存在し、人々は社会的により上層へと成り上がるために、あるいは接客サービス業や芸能界で成功するために、自分のローカルな英語をイギリス・アメリカ英語に同質化し、「訛りのない」英語を話すように求められることが多い。

　英語が標準化したり、人々がそれに同質化しつつ差異化したりすることは、ただ文化の問題にとどまらない。それは英語を話すかどうか、どのような英語を話すかが、その人が労働や生活においてどれだけのチャンスを得られるかに密接に関係してくるということなのだ。文化とはただ「理解」したりされたりするだけのものではなく、個人の労働市場への参加や社会的な不平等と密接に関係している。それこそがまさに、「多文化主義」をめぐる社会学的研究が問題提起してきたことである。

3．分裂の論理という幻想

　市場の力によって標準化された世界のなかで、人々は新たな人生の機会を求めて国境を越えていく。なかには移住先の社会に同化を試みて成功する者もいる。しかし、受け入れ社会からマイノリティというスティグマを貼られ排除されることもある。あるいは、その差異をポジティブに再解釈してアイデンティティ・ポリティクスをたたかう人々もいる（前章参照）。こうして国民社会は価値規範や行動様式の一部を共有しつつ、文化的に差異化された人々が共存する「多民族・多文化化」の度合いを強めていく。一方、第二次世界大戦後の先進諸国では文化相対主義や人権概念の普及とともに、少数・先住民族の権利要求も活発化した。こうした潮流とともに、多文化主義と呼ばれる思想や運動が台頭してきた。

　マイノリティの差異に基づく支援を行う社会政策やそれを正当化する理念としての多文化主義は、第二次世界大戦後の先進社会において活発化したエスニック・マイノリティの異議申し立てにその大きな源流がある[5]。それゆえに多文化主義はアイデンティティ・ポリティクスと同一視され、ナショナリズムとは相容れないものとみなされがちである。ナショナリズムはマジョリティ国民中心の統合を維持するためにマイノリティの人々に同化を要求しがちであるが、多文化主義はその要求に否定的であるように見えるからだ。こうした理解に基づけば、多文化主義は集団間の相互理解や寛容を促すというが、実際には集団間の相互無関心や不干渉を助長しており、ひいてはそれがナショナリズムを弱体化させ、国民社会の分裂をもたらすのではないかという批判が可能になる。こうした批判が、移民・外国人排斥を叫ぶ政治的保守派や右派ナショナリスト、あるいは極

5　ミシェル・ヴィヴィオルカ（宮島喬・森千香子訳）『差異―アイデンティティと文化の政治学』法政大学出版局、2009 年、23-53 頁.

右人種差別主義者によって行われることは想像しやすい。多文化主義を国家政策として推進してきたオーストラリアにおいても、1990年代後半には極右政党であるポーリン・ハンソンとワン・ネイション党の多文化主義批判が見られたし、いくつかの欧州諸国では2000年代以降も、反移民を掲げる極右政党が根強い支持を集めている[6]。日本においても、一部の政治家や保守団体が外国人住民に対する差別発言や排斥運動を行っている。

しかし文化多元主義を支持する「リベラルな」立場からも、多文化主義は「分裂の論理」とみなされて批判されることがある。そうした主張では国民国家におけるエスニック・マイノリティの差異の存在そのものは承認されるが、そうした差異を公的領域における共通文化を揺るがすことがないように私的領域における実践に留めるべきだとされる[7]。それゆえ、エスニック・マイノリティのアイデンティティ・ポリティクスは批判されることになる。またエスニック集団間の境界線を固定化してしまう多文化主義は、異民族・異文化間の混淆が進む現実社会の状況と乖離し、新たな国民文化の創出を阻害するという主張もある[8]。これらの主張は民族・文化的差異を包含するナショナリズムの重要性を強調する「リベラル・ナショナリズム」の議論である[9]。

このように多文化主義に対する批判は多様な立場からなされるが、それらは多文化主義を異文化集団どうしの相互無関心・不干渉を促進する論理とみなす点で共通している。そもそもグローバリゼーシ

6　関根政美「多文化社会化する欧州の極右台頭と多文化社会日本」有末賢・関根政美編著『戦後日本の社会と市民意識』慶應義塾大学出版会、2005年、145-174頁.
7　アーサー・M. シュレジンガー Jr.（都留重人監訳）『アメリカの分裂─多元文化社会についての所見』岩波書店、1992年.
8　デイヴィッド・A. ホリンガー（藤田文子訳）『ポストエスニック・アメリカ─多文化主義を超えて』明石書店、2002年.
9　デイヴィット・ミラー（富沢克他訳）『ナショナリティについて』風行社、2007年、212-274頁.

ョンとは、異なる他者との境界を越えた出会いが不可避になりつつあることを意味するのだから、もし批判者たちの主張が正しいとすれば、多文化主義が時代遅れの考え方なのは明らかである。

　だがこうした多文化主義批判は、「文化」がマイノリティという「人」の労働や生活と密接に結び付いていることをしばしば見落としている。先述のように、マジョリティに対して自らの文化やアイデンティティの差異を強調するマイノリティの人々は、あらかじめ資本主義システムによって標準化され、ハイブリッド化の過程のなかでかなりの程度まで主流社会と同化させられた「人」である。そもそもマジョリティの人々がマイノリティ文化を「われわれとは違う」と評価できるのは、その文化を評価する基準となる要素をまさにマイノリティと共有しているからではないか[10]。それを共有しない者どうしは、お互いを肯定的にも否定的にも評価することなどできない。もちろん、グローバリゼーションが進んだ世界においても異文化間の共役不可能性は残る。結局のところ、人は他者を100％理解することは決してできないのだから。しかし、少なくとも日本を含む先進諸国におけるエスニック・マイノリティのなかで、市場経済から完全に孤立し、資本主義的な価値観をまったく内面化していない人々がきわめて例外的であることも確かだ。むしろマイノリティが直面する問題の大半は、彼・彼女たちが先進諸国における労働市場に参入し、社会的上昇移動を果たし生活の質を確保したいと願っているのにもかかわらず、「文化の違い」に由来するとされる社会的な障壁や差別のゆえにそれが果たせないことにある。

　前章で論じたように、文化本質主義を強調しアイデンティティ・ポリティクスをたたかうマイノリティの人々は、主流社会への参加

10　石川准「感情表現と誤解の構造―感情の比較社会学に向けて」岡原正幸他『感情の社会学―エモーション・コンシャスな時代』世界思想社、1997年、176-209頁.

を拒否しているわけではない。本質主義的に表象された文化は、主流社会から排除された人々が自らの尊厳を守り、生き延びるニッチを見出すために団結する拠りどころとして、また主流社会に参加するために不公正なルールの変更を要求する際の旗印として、活用されているのである。マジョリティがそうしたマイノリティの姿勢に見出す「われわれとはわかりあえない人々」というイメージは、主流社会のほうこそマイノリティを排除したのだという「自作自演」を忘れたマジョリティが抱く幻想に過ぎない。

4．シティズンシップと自己決定

　マイノリティの異議申し立てとしての多文化主義とは、マジョリティ国民が幻想し脅えるような「国民社会を分裂」させようとする反動ではなく、マイノリティが国民社会に公正なやり方で参加することを求める運動である。それを皮肉なかたちで裏付けるのは、第2章で述べた先住民族の権利運動と多文化主義（多文化共生）理念のつながりの希薄さである。もし「分裂」が政治的な自治や文化・アイデンティティの面での同化の拒絶を意味するのであれば、移民・外国人の存在よりも先住・少数民族の運動のほうがマジョリティ国民にとっての「分裂」の脅威になりやすいはずだ。しかし、たとえばオーストラリアにおいて先住民族としての自己決定権を強く要求してきた人々は、連邦政府の多文化主義に比較的冷淡であった。そうした人々にとって、政府によって主張される多文化主義とは先住民族を植民地化した過去を忘却して、白人があたかもオーストラリアの土地の正当な主人であるかのように「多様性を管理」するのを正当化する方便に過ぎなかったからだ（次章参照）。オーストラリアの場合、多文化主義理念のなかで先住民族の存在が明示される傾向が強まったのは、先住民族の自己決定権を求める運動が停滞した

2000年代以降であった[11]。

　あるエスニック・マイノリティが完全な自己決定権を要求する場合、それは多文化主義ではなく国家からの分離独立、すなわち「民族自決」の要求とみなされるべきだ。だが実際にはもちろん、自己決定を求める先住民族の運動が国家からの分離を常に求めるわけではない。むしろそうした運動は、同じ国家のなかでマジョリティ国民には認められている自己決定の権利が、マイノリティにはなぜ認められないのかを問うものだといえる。マイノリティの人々がその国家にどのような形で帰属するのかを自ら決めるという意味において、自己決定権はマイノリティの異議申し立てとしての多文化主義の核心である。自己決定権は、ある国家の正当な構成員と認められた人々に付与される権利、すなわちシティズンシップ（citizenship）の重要な構成要素なのである。マイノリティによる自己決定権の要求とは、マイノリティがマジョリティと対等な（「同じ」とは限らない）シティズンシップを要求することなのだ。こうした要求が高まるにつれて、哲学者・理論家のあいだでも多民族・多文化化する国民社会におけるシティズンシップのあり方が模索されるようになった。

　シティズンシップは多様な意味を含む概念である。一般的には、政治共同体と個人のあいだに結ばれた権利・義務関係の束、またそれらが付着した地位などと定義される[12]。クリスチャン・ヨップケは、移民とシティズンシップの関係を考える際には、シティズンシップがもつ「地位」「権利」「アイデンティティ」という3つの要素を考慮に入れるべきだという[13]。古代ギリシアの時代に起源をもち、現代におけるコミュニタリアニズムにも影響を与えている市民

11　塩原良和『変革する多文化主義へ―オーストラリアからの展望』法政大学出版局、2010年、34-37頁.
12　柏崎千佳子「市民権の再編成」日本社会学会社会学事典刊行委員会編『社会学事典』丸善、2010年.

共和主義的シティズンシップの系譜においては、共同体における公共の営みに参画する義務としての「徳」を有した市民としての地位が強調される[14]。いっぽう自由主義的シティズンシップの伝統は、シティズンシップを人々が国家権力との兼ねあいにおいて有する諸権利として位置づける（日本においてもシティズンシップは「市民権」と訳されることが多い）。たとえばT.H.マーシャルはシティズンシップを、公民的権利（司法制度などにより確保される国家に対する個人的自由）、政治的権利（政治参加を通じて獲得される国家を運営する政治的自由）、社会的権利（経済的福祉や安全の享受、社会的遺産や文化的生活の享受を国家に要求する権利）の順に拡大していく個人の権利として描いた[15]。

　西欧国民国家システムが台頭した18世紀後半以降、市民と国民、市民の権利と国民の権利、市民的アイデンティティとナショナル・アイデンティティがほぼ同一のものとして扱われる傾向が強まっていった[16]。しかしグローバリゼーションによる国境を越えた人の移動の増大によって、同じ社会のなかに国民とされる人々とそうではない人々の両方が暮らしている状況が一般化した結果、権利としても地位としてもアイデンティティとしても、シティズンシップを国民と同一視するのは難しくなっている。こうして、権利や義務としてのシティズンシップを「誰に」付与するべきかが論じられるようになった。たとえば永住外国人（「デニズン」）にはその国での居住の事実をもとにした諸権利が付与されるべきだという「デニズンシ

13　Christian Joppke, *Citizenship and Immigration*, Cambridge UK: Polity Press, 2010, pp.1-33.
14　デレック・ヒーター（田中敏郎・関根政美訳）『市民権とは何か』岩波書店、2002年、78-138頁.
15　T.H.マーシャル／トム・ボットモア（岩崎信彦・中村健吾訳）『シティズンシップと社会的階級―近現代を総括するマニフェスト』法律文化社、1993年.
16　ヒーター前掲書、164-186頁.

ップ」の主張や、ナショナルなシティズンシップと共存しつつそれを補完するリージョナルまたはローカルなシティズンシップを構想する「多重市民権」の概念などがある[17]。

　いっぽう国民国家のマジョリティ国民によって征服され服属させられた先住・少数民族は、実際にはマジョリティ国民と同様のシティズンシップを認められずに「二級市民」扱いされてきた。それゆえこうした人々のなかには「一級市民」になるためにマイノリティとしての文化やアイデンティティを捨てて、マジョリティ国民に同化しようとする者も多かった。しかし、マジョリティと同じシティズンシップをもつことが平等を保証するわけでは必ずしもない。たとえ形式的にはマジョリティ国民と同等のシティズンシップを認められても、過去の征服・植民地化の歴史がもたらした負の遺産への配慮が不十分だったり、彼・彼女らの文化やアイデンティティの社会的価値が低いとみなされたりした結果、政治・経済・社会的な排除の状況から抜け出せないマイノリティも多いからである。それゆえ国民国家内部のエスニック・マイノリティの存在に配慮し、集団ごとに差異化されたあり方でシティズンシップを承認すべきだという主張が台頭してきた。カナダの政治哲学者ウィル・キムリッカは、エスニック・マイノリティによる差異化の要求と国民統合とのバランスを取るために、移民や先住・少数民族に対してその文化的活動を奨励し保護する「エスニック文化権」、中央議会における一定の議席を保証する「特別代表権」、そして連邦制などによる「自治権」の付与を検討すべきだとする「多文化的シティズンシップ」論を提唱した[18]。

17　同上書、196-257頁.
18　ウィル・キムリッカ（角田猛之他監訳）『多文化時代の市民権—マイノリティの権利と自由主義』晃洋書房、1998年.

こうして多民族・多文化社会としての国民国家でのシティズンシップのあり方について、どのような権利・義務をどのような構成員資格に基づき付与すべきかをめぐって多様な議論が行われるようになった。いっぽうで国民国家内部における移民・外国人が増大し、社会における少数・先住民族の存在を無視することも難しくなっている。それゆえ、マイノリティがその国家において誰にどのようなかたちでシティズンシップを付与されるかを、「誰が」決めるのかという議論も重要になっていくだろう。そしてマイノリティの権利要求としての多文化主義は、その答えが「マイノリティ自身」であるべきだと主張してきた。自らがどの政治共同体にどのように帰属するのかを、マイノリティ自身が自己決定できる機会が保障されることが重要なのだ。こうした観点から、人々が民族や国籍の枠組みを超えてシティズンシップのあり方を討議する「コスモポリタンな公共圏」の可能性を模索する重要性を説く論者もいる（第10章参照）[19]。

　しかし、多文化主義をマイノリティによる国民社会への公正な参加の要求ととらえ、それに応答すべく多文化主義的なシティズンシップのあり方を模索するこうした主張は、現代先進諸国において政策として遂行されている多文化主義に十分に反映されているとはいえない。むしろ、そこではマイノリティの参加要求が、マジョリティによってマイノリティの差異を「管理」する制度へと巧妙にすり替えられてしまうのだ。次章では、政府によって遂行される多文化主義がもつこうした側面について考えてみたい。

19　ジェラード・デランティ（佐藤康行訳）『グローバル社会のシティズンシップ―新しい社会理論の地平』日本経済評論社、2004年、97-131頁.

第5章 公定多文化主義
——統合と管理の論理

1. マイノリティの要求の制度化と管理

　マイノリティの異議申し立てとしての多文化主義は、文化的差異を承認し、差異に基づく差別や不平等を撤廃するように政府に働きかける。その結果、カナダやオーストラリアといった国家では多文化主義が国家政策として行われるようになった。本書では行政によって推進される多文化主義を「公定多文化主義」と呼ぶが、それはふたつの特徴をもつ。

　第一に、公定多文化主義はエスニック・マイノリティの文化やアイデンティティを尊重する文化多元主義をその前提とする。もちろん、それはマイノリティの差異を否定するよりはずっとよい。しかしこの文化多元主義は、エスニック・マイノリティの差異への要求をある程度受け入れる代わりに彼・彼女らを既存の国民統合に組み込み、マジョリティ性の優位を保持するという妥協と取引の産物でもある。それゆえ公定多文化主義は第1章で述べた「多様性の中の統一」型のナショナリズムの側面をもつ。

　第二に、公定多文化主義はマイノリティとマジョリティ間の社会構造上の不平等の是正のために社会福祉政策を活用する。福祉国家的制度に基づいたエスニック・マイノリティ支援を重視する公定多文化主義の側面を「福祉多文化主義」と呼ぶ。福祉多文化主義の進展により、エスニック・マイノリティへの公的支援は特例的な措置から社会福祉・社会保障サービス全体に制度化（「主流化」）されて

いく。こうしたマイノリティ支援の拡充は、文化的差異に基づく社会的格差や不平等を是正するうえで重要である。しかしそのいっぽうで、福祉多文化主義の進展がエスニック・マイノリティの政府による管理の強化という副産物をもたらすことも見逃せない。そもそもマーシャルが提唱し、20世紀の福祉国家がその拠り所とした社会的シティズンシップ（前章参照）は、原則として国民の範囲内に適用されるものでしかなかった。しかもシティズンシップを保障するのは国家の役割とされた。その結果、徴税や社会保険、福祉サービスを通じて福祉国家は人々の日常生活に介入していった。社会保障・福祉の財源を確保するためには、市民が納税の義務を果たしているかどうかを把握しなければならない。そして「ただ乗り」を防ぐためには、金銭やサービスの給付を受けている国民を管理する必要がある。そもそもこのような政策は、貧困や社会的排除に陥っている国民を労働市場に再編入するために、その他の国民が税金や社会保険を支払うという「社会的連帯」に基づく所得の再分配メカニズムによってはじめて可能になる。また労働に勤しみ、納税や保険料納付の義務を果たす次世代の国民を教育制度によってつくりだすことも、福祉国家の維持のために不可欠である。つまり福祉国家と国民の管理、そして国民統合（ナショナリズム）は不可分なのである[1]。このようなことはすべて、移民向け社会福祉施策にもあてはまる。福祉多文化主義もまた、マイノリティの文化や生活様式における差異を、マジョリティ国民中心の既存の国民統合と福祉国家体制を維持できる範囲内に収めるように管理する側面をもつのだ[2]。

---

[1] 武川正吾『連帯と承認―グローバル化と個人化のなかの福祉国家』東京大学出版会、2007年、213-237頁.
[2] 公定多文化主義が実施されている国々でも、文化多元主義（「多様性の中の統一」型ナショナリズム）と福祉多文化主義のどちらをより重視するかはそれぞれ異なっている。一般に米国では前者が、オーストラリアやカナダでは後者がより重視される傾向があるといわれる。

2．多様性を管理するのは誰か

　このように公定多文化主義は、一方でマイノリティの差異を承認・奨励し、差異に基づく不平等の是正を志向しながら、他方でマジョリティ国民中心の国民統合を維持するために差異の表明や実践に一定の制限を課す「管理」を推進する。ここで重要なのは、公定多文化主義において差異を「管理する側」はマジョリティ国民で「管理される側」がマイノリティであることが自明視され、マイノリティの差異はマジョリティがその差異に寛容でいられる範囲内においてのみ承認されるということである[3]。

　『オーストラリア発見』という古いビデオがある。オーストラリア連邦政府の機関である豪日交流基金が、日本の中学校の「総合的な学習の時間」で使われることを目指して作成した教材だ[4]。付録の教師用資料には「アジア太平洋地域のパートナーである日豪両国は、それぞれの国家の歴史の上でも無二の協力関係を築き上げてきました」「今後も両国が人々や文化の交流を推し進め、より有益な意見交換を行っていくためには、互いの国についてさらによく知り、相互理解を一層深めていくことが必要」とあり、重要な貿易相手国である日本の人々の対豪理解を向上させることを目指した内容になっている。

　ビデオには、ジェニーというアニメキャラクターの少女が登場する。そのジェニーが導き役となり、「日豪関係の歩み」「白豪主義から多文化主義へ」「連邦100周年」「貿易と産業」「過密地域と過疎地域」「自然と環境保護」「中学生の学校生活」「中学生の家庭生活」といった各章で、オーストラリアの歴史、社会、経済、教育のあり様が紹介されていく。とりわけ興味深いのは「白豪主義から多文化

3　第2章も参照。
4　豪日交流基金『オーストラリア発見』（改訂版）、2000年．

主義へ」である。この章では、オーストラリア大陸に数万年以上前から住み続けてきた先住民族（アボリジニ・トーレス海峡諸島人）がまず紹介される。それによると、18世紀末にイギリスによる入植が始まると、先住民族の土地は征服されていった。やがて1850年代に金鉱が発見されたことをきっかけに、世界中から多様な人種・民族の人々がオーストラリアに移住してきたが、植民地政府は有色人種の移住を制限し、1901年のオーストラリア連邦の結成とともに人種差別的政策として名高い「白豪主義」が確立した。しかし第二次世界大戦後、国防や経済成長のために人口を増加させる必要から、連邦政府はイギリス以外からの移民を受け入れるようになった。また人種差別に対する批判もあり、白豪主義政策は1972年に廃止され、多文化主義政策が開始された。その後はアジアからの移民が急増し、オーストラリアは多文化社会となっていった。政府は英語を母語としない移民に対して無料で英語教育を提供し、翻訳・通訳サービスを整備するなどの行政サービスを整備した。こうして「オーストラリアは実に多様な文化を内在する社会となり、現在、人種による差別は法律で禁じられている」。

　この映像が日本の中学生に伝えたいのが、オーストラリアが白豪主義という過去の人種差別と決別し、多文化主義による共生社会を実現しつつあるというメッセージであることは明白だ。実際、「白豪主義から多文化主義へ」の章では、英語を母語としないさまざまな移民たちが行政の手厚い支援によりオーストラリア社会で共生している様子が映し出されている。にもかかわらず、そうした「多文化社会オーストラリア」を日本の読者に紹介するのは、金髪碧眼という典型的な「白人（英国系）」オーストラリア人の外見をし、スポーツ好きという国民性のイメージにのっとってスケートボードに乗って登場するジェニーなのだ。この典型的な「オージー」の少女

が、オーストラリアが多民族・多文化共生社会を目指すことについて「わたしは大賛成！」と発言することで「白豪主義から多文化主義へ」の章が締めくくられる。

このビデオ教材が作成されたのはジョン・ハワード保守連合政権の時代であった。ハワード首相は2000年代初めに急増した、オーストラリアへの入国を希望する、主に中東からやってきた「ボート・ピープル」（難民申請者）に対して強硬な姿勢を貫いた。難民申請者を乗せた船が沈没して多くの死者がでたり、遠隔地の施設に長期間収容された非正規滞在者が暴動を起こしたりするなどの事態が起こっても、ハワードは姿勢を変えず、「オーストラリア人には、自国にどのような人がどのような状況で入国するのかを決める権利がある」と訴え、世論を味方につけた[5]。オーストラリア領土への寄港を拒否されたり、移住が許可されないまま収容施設に閉じ込められたりしていた難民申請者のたちの家族や親族、知人のなかには、オーストラリアに移住して暮らす中東系の人々も多かったという。しかしハワードの言う「オーストラリア人」には、そのような住民は含まれていなかったに違いない。彼が「オーストラリア人」というとき、それが白人の「オージー」を指すのは明らかだった。それゆえ可愛らしいティーンネイジャーとして描かれているにもかかわらず、ジェニーは「オーストラリア人には、自国にどのような人がどのような状況で入国するのかを決める権利がある」というハワードの新保守主義を忠実に体現したキャラクターなのである。ジェニーは実に無邪気に、オーストラリア社会の「管理者」の位置に立っている。「わたしは大賛成！」という彼女の発言のなかに、移民がオーストラリア社会に存在してよいかどうかを決めるのは（ジェニー

---

5 近藤敦・塩原良和・鈴木江理子編著『非正規滞在者と在留特別許可―移住者たちの過去・現在・未来』日本評論社、2010年、231-249頁.

のような）白人オージーであるという信念が自明視されているのだ。その信念は、オーストラリア政府と主流派英国系「白人」国民が、あくまでも自発的に異文化を受け入れる決断を下し、移民や国内の文化的多様性を政策によって管理することで、理想的な寛容・多文化社会をつくりあげてきたという、多文化主義の公式な歴史観を伴っている。ジェニーが礼賛する「多文化」に先住民族が含まれていることに気づけば、この歴史観がいかにグロテスクであるかがわかるだろう。オーストラリア大陸に数万年前から住み続け、大地を守り続けてきた先住民族がオーストラリア社会に存在することに対して、白人の少女であるジェニーが「私は大賛成！」と許可を与えるとは、いったいどうしたことだろうか。まさにこれこそがガッサン・ハージのいう「ホワイト・ネイションの幻想」に他ならない（第2章参照）。この幻想が前提にある限り、どんなに「異文化をもった人々を受け入れますよ」と言っても、実際には、「私たちは異文化をもった人々を、気が向いたときに、私たちが許容できる範囲内で、受け入れてあげますよ」ということにしかならない。つまり、それは共生の関係ではなく「寛容」の関係なのである。

3．寛容の限界

だが、私たちは結局「寛容」は良いことだと教えられてきたのではないか。不寛容であるよりも寛容であるほうがずっと良いのは確かだ。では寛容になることの、何がいけないのだろうか。私は「寛容としての多文化主義」の問題性について考えるとき、子どもの頃にテレビで観たバラエティ番組のことを決まって思い出す。

それは確か、大柄で屈強な若いチンピラと、小柄で貧相な体格の中年のチンピラが出てくる舞台コントだった。ふたりのチンピラは、街中ですれ違いざまに肩が触れて「ナンヤコラ！」と睨み合う（確

か関西弁だった気がする)。もし本当に殴り合いになれば、若いチンピラが中年のチンピラをボコボコにしてしまうだろうことは、舞台を眺める観客には(そしてそれをテレビで観る私たちにも)明らかである。若く屈強なチンピラが「やるか!」とすごむと、貧相な中年チンピラは次第に逃げ腰になり、ついには背中を向けて逃げようとする。次の瞬間、中年チンピラはおもむろに振り返り、若いチンピラに向けて「今日はこのくらいにしといたるわ!」と言い放って一目散に逃げていく。そして観客からどっと笑いが起こる。

　さて、このコントはなぜ、おかしいのだろうか?　言い換えると、なぜこの状況はコントとして成立するのだろうか。このコントのおかしさのツボは「今日はこのくらいにしといたるわ!」という弱いチンピラの捨てゼリフにある。実は、このセリフは「本来ならば許されないが、今回は許してやる」という、典型的な寛容の表現でもある。ある人が別の人に「寛容にしてあげる」とき、寛容にする人のほうが強く、されるほうが弱い、というのが暗黙の前提になっているにもかかわらず、このコントでは弱いチンピラが強いチンピラに向かって「今日はこのくらいにしといたるわ!」という寛容のセリフを吐く。観客にはそんなことが不可能なのがわかっているから、弱いチンピラの言葉を笑う。つまりこのコントは、寛容という実践が原理的に、強者が弱者に対して「してあげる」という、対等ではない関係を伴うことを示している。

　寛容になるためには、相手よりも自分のほうが強い力をもっていなければならない。ということは、寛容になれる人は相手よりも自分のほうが強いと思っているがゆえに、いつでも不寛容にもなれる。たとえば、私たちは目をかけていた後輩や部下に裏切られると「飼い犬に手を咬まれた」気分になり、「可愛さ余って憎さ百倍」となる。それは相手が自分よりも弱く、自分に反抗することはないと思い込

んでいたからである。相手が自分と対等な主体であるとは思っていないからこそ、相手が自分による管理を拒絶したとき、寛容だった人は不寛容な人になるのだ。同じように、マジョリティ国民がマイノリティにいくら寛容に接したとしても、両者が対等になることはない。寛容の実践は、それ自体がどんなに尊い行いだったとしても、強者が弱者に「お恵みを与える」という関係を前提にしているからだ。むしろ寛容にすればするほど、こうした対等ではない関係を追認して強化してしまう。そしてマイノリティが主体的に行動しようとすると、「飼い犬に手をかまれた」マジョリティたちは途端に不寛容になり、マイノリティを非難するようになる。「寛容としての多文化主義」とは、マジョリティ国民の優位という「限界」の範囲内における、マジョリティによるマイノリティの管理の実践なのだ。

4．バランスをとるのは誰か

このように、公定多文化主義にはマイノリティへの寛容を推進することでマジョリティの優位性を堅持し、マジョリティ中心の国民統合を維持するというやり方でマイノリティの差異を管理する側面がある。だがもちろん、公定多文化主義にはマイノリティの差異や権利の承認を促す側面もあることは確かだ。そこで政府は、マイノリティの差異の承認とマジョリティ中心の国民統合の維持のあいだのバランスをいかに保つかに常に心を砕く。しかし、一見中立的に見えるがゆえに人口に膾炙しやすい「差異の承認と国民統合のバランス」という言説が、マジョリティ性の優位の堅持を前提視していることに注意しなければならない。バランスを「とる」のはマジョリティ国民であり、マイノリティはバランスを「とられる」客体に過ぎないと位置付けられてしまえば、この言説自体がマジョリティとマイノリティの非対称な関係性を固定化してしまう。

「差異と統合のバランス」をとろうとする公定多文化主義は、グローバリゼーションによって加速する国民社会内部における文化的差異を承認し、マイノリティの権利を一部容認しながらも、マジョリティ中心の国民統合をあくまで維持することを目指す戦略である。しかし多民族・多文化社会化が進展するにつれて、政府が差異と統合のバランスをとることが次第に困難になっていく。今日の欧米諸国で「多文化主義の失敗」と呼ばれる状況がこれである。だが一部の政治家やメディアが「失敗」を叫んでいるのにもかからず、実際には多くの先進諸国で文化的差異は相変わらず礼賛され、福祉多文化主義的な政策も遂行されている[6]。そもそもこの場合の「失敗」とは、政府が文化多元主義と福祉多文化主義を用いてマイノリティの差異を管理することが困難になっている状況である。だからマイノリティ側からみれば、それは自分たちの差異や尊厳が公正に承認される社会をもたらす契機でもありうるはずだ。つまりマジョリティの優位性の幻想に囚われた人にだけ、それが「失敗」に見えるということだ。

　だが、それでは公定多文化主義はマイノリティの承認や権利向上に「成功」したのかといわれれば、そうは言い切れない。確かに、一部のエスニック・マイノリティの文化的差異やアイデンティティの承認は進んでいるが、それと同時進行で、別のマイノリティへの物理的・社会的排除が厳格化される傾向が多くの先進諸国に共通してみられるからだ。実はこの「特定のマイノリティを選別し、排除する」状況こそ、「差異と統合のバランス」を取ることが難しくなった政府が選択した、新たな公定多文化主義の帰結である。反多文

---

[6] Keith Banting and Will Kymlicka, eds., *Multiculturalism and the Welfare State: Recognition and Redistribution in Contemporary Democracies*, Oxford: Oxford University Press, 2009, pp.1-45.

化主義者にとっては残念なことに、公定多文化主義は失敗して終焉するどころか、新たな段階へと変容しつつある。しかし多文化主義推進論者にとっても、その変化は必ずしも歓迎できるものではない。それが次章で論じる「ネオリベラル多文化主義」の台頭である。

第6章 ネオリベラル多文化主義
——選別と排除の論理

1.「役に立つ」人々

 かつて「移民」といえば、祖国から身一つでやってきて労働者として働く貧しい人々というイメージが一般的であった。しかし今日、そのような「移民」のイメージはさまざまな先進国で変化しつつある。高度な学歴や技能、語学力を身につけ、専門職・管理職として働く移民が増加しているのだ[1]。こうした変化が起きている背景には、先進諸国の政府が高度な学歴や知識・技能をもつ人々や、国内の人手不足の分野で働いてもらう人々、すなわち国民社会に「役に立つ」人々のみを選別して移住させる傾向が強まっていることがある。日本でも、「高度人材」外国人や「人手不足の分野」で働く外国人を選別的に導入しようとする動きが強まっている[2]。前者は長期滞在を前提として受け入れ、IT産業をはじめとする大企業・一流企業にグローバル市場で勝負するだけの競争力をもたらすことが期待されている[3]。

 政府が「役に立つ」移民を選別して受け入れようとする限り、高

---

[1] 石井由香・関根政美・塩原良和『アジア系専門職移民の現在—変容するマルチカルチュラル・オーストラリア』慶應義塾大学出版会、2009年などを参照。
[2] 鈴木江理子『日本で働く非正規滞在者—彼らは「好ましくない外国人労働者」なのか？』明石書店、2009年．
[3] なお後者の典型は中小零細の製造業や農業における研修生・技能実習生、人手不足が深刻な看護師や介護労働などの福祉分野での外国人労働者などである。これらは、基本的には一時滞在を前提とし、公的制度や二国間協定などで外国人労働者が従事する職種・就業期間・職場を管理しながらの受け入れを目指している。

度人材移民・外国人たちは自分の希望する労働条件・生活条件が実現できる国や地域に移動できる可能性が高まる。あるいはその国が期待外れならば、再び高度な学歴・能力を活かして他の国や地域に動くこともできる。言い方を変えれば、グローバリゼーションを自らの利益や幸福を最大化する好機として経験するのは、移動の自由にもっとも恵まれた人々なのである。リチャード・フロリダが「スーパー・クリエイティブ・コア」（科学者、技術者、大学教授、作家、芸術家、思想家など）や「クリエイティブ・プロフェッショナル」（ハイテク、金融、法律、医療、企業経営など、さまざまな知識集約型産業で働く人々）と呼ぶ人々がその典型である。フロリダは、現代の経済において個人のもっているクリエイティビティ（創造性）を活用し、都市や地域の経済発展をもたらすために、クリエイティブな人材を引き付けることが重要だと説く[4]。こうした人材たちはコーディネーション・コミュニケーション能力にも優れ、グローバルな規模で標準化されたシステムのなかで自らの創造性を発揮する機会に恵まれている。その結果、彼・彼女たちには既存の国家・言語・文化・情報の境界線を自由に移動し、豊かな生活を享受する選択肢が開かれる。こうした人々にとって国境はもはや大した意味をもたず、世界は自分の家の「庭」のようなものでしかない。

またガッサン・ハージは、人の移動には物理的な移動だけではなく存在論的な移動もあるという。存在論的な移動とは、自分の人生が停滞することなく良い方向に進んでいるという感覚のことである[5]。象徴的にせよ物理的にせよ「ここではないどこかに行ける」と考え

---

4 リチャード・フロリダ（井口典夫訳）『クリエイティブ資本論―新たな経済階級の台頭』ダイヤモンド社、2008年.
5 ガッサン・ハージ（塩原良和訳）「存在論的移動のエスノグラフィ―想像でもなく複数調査的でもないディアスポラ研究について」伊豫谷登士翁編『移動から場所を問う―現代移民研究の課題』有信堂、2007年、27-49頁.

ることができれば、人生に希望がもてる。グローバルな「庭」のなかで生きることのできる人とは、急激な世界の変化のなかでも常に希望を見失わない特権をもっている人でもある。

2．ミドルクラス多文化主義の台頭

いっぽう政府は、こうした人々に自国を移住先として選んでもらうために、魅力的な条件を提示しなければならない。そのためには高い賃金や快適な雇用条件・職場環境を示すだけでは不足であり、こうした人々の教養や知的好奇心を満足させる余暇、自己実現や生涯学習への欲求をかなえる機会、家族が安心して快適に暮らすことのできる治安のよい清潔な街並み、子どもが良い教育を受ける学校などがなければならない。それゆえハージが以下で揶揄するように、企業が雇用する高度人材移民・外国人がアッパーミドルでクリエイティブなライフスタイルを享受できる都市環境を提供するように、政府は努力しなければならない。

> わたしどもは、そちらの多文化的労働者の皆様に、非の打ち所のない眺望付きの、一番高い高層ビルをご提供します。そこには最新のイタリアン・コーヒーマシンがあって、最高のバリスタたちがいて、最高のマキアートが味わえますよ。わたくしどもは、可能な限りでもっとも文化的に多様な料理シーンを、社員の皆様にご提供します。もし、こちらにいらして投資していただけるのでしたら、こうしたすべてのものを保証させていただきますよ……[6]。

---

6 ガッサン・ハージ（塩原良和訳）『希望の分配メカニズム—パラノイア・ナショナリズム批判』御茶の水書房、2008 年、173 頁．

それゆえ政府は、グローバルな資本と人材を惹きつけるために都市再開発（ジェントリフィケーション）を進めていく。しかしこうしたライフスタイルは再開発だけによって可能になるわけでもなければ、移民・外国人に金銭的な余裕があれば享受できるものでもない。自らの文化やアイデンティティが価値あるものとして承認されていない社会で、移民・外国人が快適な生活を送ることは困難である。たとえビジネスでは移住先社会の言語を用いるとしても、勤務後に立ち寄ったレストランで同郷の友人と母語で会話していると、ウェーターが馬鹿にした視線でわざと冷めた料理を出す社会は快適とはいえない。そのビジネスマンの妻が現地住民の母親どうしの付き合いから排除され、地域で孤立するのは大問題だ。子どもがいじめられたり、その国の言葉ができないハンディキャップによって成績不振に陥っても、学校が何の措置も講じないばかりか、ただの落ちこぼれとして扱うなど問題外である。

　だが現代日本社会で働く外国人ビジネスマンの家庭では、こういったことは実際に起こりがちなのだ（第1章参照）。それが、日本に高度人材外国人がなかなか定着しない理由のひとつでもある。海外からの高度人材を歓待するためには、その社会に文化多元主義の考え方が普及していなければならないのだ。それゆえ経済にとって「役に立つ」移民・外国人の受け入れを奨励する政府や財界は、文化多元主義を承認し奨励するようになる。このように文化多元主義に基づいて高度人材移民・外国人に快適な生活環境を保障しようとする姿勢を、「ミドルクラス多文化主義」と呼ぶ[7]。この多文化主義の一形態は、「役に立つ」移民を受け入れるという傾向の強まりとともに、日本を含めた先進諸国で一般的になりつつある。

7　塩原良和『変革する多文化主義へ──オーストラリアからの展望』法政大学出版局、2010年、125-146頁.

3. ネオリベラル多文化主義の出現

　移民・外国人が「役に立つ」という表現は、企業や財界はもちろん、人権や人道の観点から多文化主義・多文化共生に賛成する人々にとっても受け入れられやすい。そうしたイメージが広まることでマジョリティ国民の移民・外国人に対する偏見が弱まり、彼・彼女らを社会の一員として受け入れようとする機運が高まることを期待するからだ。しかし「移民・外国人は役に立つから受け入れるべきである」と主張することは、ある人がその社会の一員でいることが許されるかどうかは、その人が社会にとって「役に立つ」かどうかにかかっていると主張することである。つまり「役に立つ」人を受け入れよという「選別」の論理は、「役に立たない」人ならば社会から除外してもよいという「排除」の論理と表裏一体なのである。この「選別／排除」の論理によって、前章で論じた福祉多文化主義と文化多元主義の組み合わせとしての公定多文化主義のあり方は次第に変質していく。

　福祉多文化主義は移民を、社会保障・社会福祉による支援が必要な社会的弱者とみなすのに対して、ミドルクラス多文化主義は移民をそうした支援がいらない人々だと想定する。それゆえ高度人材移民・外国人を選別して受け入れる傾向が進み、ミドルクラス多文化主義の影響力が強まると、移民・外国人に対する公的支援は不要なものとみなされる。すると福祉多文化主義の考え方の正当性は弱まり、社会保障・福祉の削減を志向する新自由主義によって「改革」の圧力にさらされる。不要な政策は「仕分け」られなければならないというわけだ。このような「改革」には、支援の対象を限定する「重点化」、移民コミュニティ全体への支援ではなく、より数値的な成果を示しやすい個別のケースワークを重視する「個人化」、そして比較的短期間の助成金によってプロジェクトを実施し、ニーズが

変化したと見なされれば助成金の継続は却下され、他の地域のプロジェクトに取って代わられる「柔軟化」といった特徴がみられる[8]。

　第5章で述べたように、福祉多文化主義としての公定多文化主義は移民・外国人を国民統合の枠組みに留めて労働力として包摂するために、その差異を「管理」する側面をもっていた。だが「改革」とともに、この「管理」のあり方も変容する。個人が行政に頼らず自己責任で生活するように要請する新自由主義は、社会保障・福祉は「自立」する能力がない人々に対してのみ例外的に実施されるべきだという考え方（レジデュアリズム（残余主義））を伴うからだ。したがって福祉多文化主義の対象となる下層エスニック・マイノリティには、自立と自己管理の能力が欠如しているがゆえ、十全な市民権を得られなくても仕方のない人々だというレッテル（スティグマ）が貼られがちになる。支援はマイノリティの人々の権利ではなく政府から与えられる恩恵とみなされ、必要最低限だけ実施されるべきものとなる。そのために、どうしても支援が必要なマイノリティの所在を掌握し、その生活を管理することが正当化される（第8章参照）。こうして多文化主義によって承認され支援されるべき存在であるはずの下層エスニック・マイノリティは、まさに公定多文化主義によって「社会のお荷物」というスティグマを付与され、そのいっぽうでミドルクラス移民のさらなる選別的導入が促され、下層移民向け社会福祉サービスの「改革」が加速していく。移民受け入れの選別性の強化、福祉多文化主義の「改革」、ミドルクラス多文化主義の影響力の拡大が相互に正当化しあい、公定多文化主義がますます新自由主義に親和的なものになっていくこのプロセスが「ネオリベラル多文化主義」である。

8　同上書、71-72頁.

4.「助っ人」と「帝国」の多文化主義

「役に立つ」移民・外国人の選別的導入を促すネオリベラル多文化主義によって、政府は短期的には確実に利益を享受するだろう。ただし長期的にみれば、マジョリティ国民が「役に立つ」移民・外国人に対していつまでも優位に立てるとは限らない。なぜなら、彼・彼女たちは支援が必要な弱者ではなく、マジョリティ国民と同等かそれ以上の学歴や知識・技能をもつがゆえに選別された人々だからだ。こうした人々の増加は、マジョリティ国民の優位を前提とするナショナリズムに潜在的な脅威をもたらす。にもかかわらず、「役に立つ」移民・外国人は、少なくとも最初のうちはマジョリティ国民にとっての脅威とはみなされないことが多い。そうした人々はあくまでも、マジョリティ国民の「助っ人」として歓迎されるからである。

「助っ人」たちは、その高い能力でマジョリティ国民にとっての利益に貢献することを期待されるが、あくまで「お雇い外国人」であり、住民として主体的に政治・社会参加する人々だとはみなされない。期待される任務が完了するか、その任務に失敗した場合、「助っ人」たちは速やかに故国に帰るように促される。「役に立つ」移民・外国人を「助っ人」として歓迎する発想を、ハージは「もつことの多文化主義」と表現する。それは移民を主体的な意思をもたない、主流国民にとっての道具／所有物とみなす多文化主義である[9]。ネオリベラル多文化主義の初期段階は、マジョリティ国民が「役に立つ」移民・外国人を「助っ人」として選別して「もつ」多文化主義なのである。この多文化主義では、「役に立つ」移民・外国人はマ

---

9 ガッサン・ハージ（保苅実・塩原良和訳）『ホワイト・ネイション—ネオ・ナショナリズム批判』平凡社、2003年、247頁. それに対してハージは、移民をその社会の主体性をもった一員として認めることで、その社会の構成員自体が多文化化しているという認識をもたらす「あることの多文化主義」を提起する。

ジョリティ国民の利益を促進する道具であり、国民社会の対等な構成員ではないとされる。それゆえ、この段階ではネオリベラル多文化主義とマジョリティ国民の優位を前提とした主流ナショナリズムは両立可能である。

　しかし、まさにネオリベラル多文化主義のプロセスの結果として「役に立つ」移民・外国人の数や存在感が増すにつれて、ネオリベラル多文化主義は主流ナショナリズムを揺るがすようになる。もともと優れた能力をもつ彼・彼女らは、そのスキルやグローバルなネットワークを活用し、自分たちをビジネスの道具として使うつもりだったマジョリティ国民をしばしば凌駕する業績を挙げはじめる。その結果、「役に立つ」移民・外国人たちはビジネスの場における主役になっていく。また言うまでもなく、「役に立つ」移民・外国人たちはただ労働者であるだけではない。ミドルクラス多文化主義の提供する快適な環境のなかで定住し、家庭をもち、子どもを育てていれば、その社会における生活者として側面が必然的に大きくなる。その結果、その社会のあり方について自らの意見や態度を伝えること、つまり社会参加の機会が必然的に増加する。こうして「役に立つ」移民・外国人たちは「助っ人」としての地位から脱して社会参加を求めるようになり、マジョリティ国民が彼・彼女たちを「もつ」ことが難しくなっていく。

　ただし、「助っ人」に留まることを拒否し、自らもまた社会の主人公になることを求める「役に立つ」移民・外国人の要望は、マジョリティ国民を追い出して社会を乗っ取ろうという野望ではないことがほとんどである。彼・彼女たちはただ、移民・外国人であることによって十分なビジネスチャンスを与えられなかったり市民生活から排除されたりするのを拒否し、マジョリティ国民と対等な立場での参加を求めているだけなのだ。文化的差異に基づく不公正を拒

否するという意味で、「役に立つ」移民・外国人は基本的に多文化主義者である。彼・彼女たちは「どのような文化を保持していようが、私たちは（経済的に）社会に貢献する能力を持つ人材なのだから、対等な存在として社会に受け入れてほしい」と主張する。確かに「役に立つ」かどうかを選別の基準とすることは、人種や文化を基準にして人を選別するよりは望ましい。しかし厄介なことに、「役に立つ」かどうかという選別基準は、まさに人種や文化を基準にしていないがゆえに、マジョリティ国民に対してもそのまま適用されてしまう。つまり国籍や文化に関わらず「役に立つ」人を受け入れよという主張は、「役に立たない」人は国籍や文化に関わらず受け入れなくてもよいという主張と表裏一体なのである。その結果「マジョリティ国民であろうがマイノリティであろうが、グローバル資本主義に貢献しない人間は社会に包摂されなくてもよい」という「排除の多文化主義」が、「役に立つ」人々をすすんで受け入れようとする「選別の多文化主義」によって、まさに正当化されてしまうのだ。そしてこの多文化主義は、グローバル市場に適合した人材を国境や文化を越えて確保することを目指す新自由主義の発想に親和的でもある。

　こうしてネオリベラル多文化主義は今やマジョリティ国民のナショナリズムから遊離し、企業にとって最適な人材のみを多文化主義的に求め、そうではない者を多文化主義的に排除していく。グローバル資本主義を司る者たち、すなわちネグリとハートのいう「帝国」の利益をとことん優先するという意味で、この段階のネオリベラル多文化主義を「帝国の多文化主義」と呼ぶことができる[10]。

10　塩原前掲書、85-122 頁．アントニオ・ネグリ／マイケル・ハート（水嶋一憲他訳）『〈帝国〉―グローバル化の世界秩序とマルチチュードの可能性』以文社、2003 年．

5．グローバルな「庭」への誘惑

　このようにグローバリゼーションと新自由主義は、一見正反対のようにみえて実は同じ根から派生した「選別」と「排除」の多文化主義を台頭させる。選別の多文化主義を推進する企業にとって、従業員を能力や業績ではなく人種や民族にもとづいて差別することは、人権侵害であるからではなく、優秀な人材を集める上で「非効率的」であるがゆえに望ましくない。それゆえ企業は国家や社会に、人材のグローバルな移動を阻む公式・非公式の障壁を撤廃することを求める。しかしそうした傾向がもたらすのは、人々が人種やエスニシティによって差別されない代わりに、マジョリティ国民であろうがマイノリティであろうが市場において同じ条件での競争を強いられるという、関根政美のいう「多文化競生」状況である[11]。それは、マジョリティ国民であろうがマイノリティであろうが、グローバル市場に適応できなければ排除されるのは「自己責任」であると宣告する「帝国の多文化主義」である。こうした多文化主義はマジョリティ国民の権益を（「非効率的」にも）最優先しようとするナショナリズムとは基本的に共存できない。それゆえネオリベラル多文化主義が進行すればするほど、多くのマジョリティ国民は自らの財産・職場・経歴が失われるのではないかという不安を抱き、それらを守る術を探し求めるようになる。その結果、グローバルな「庭」の住民の仲間入りをしたいという欲望が掻き立てられる。

　米国のコラムニストであるトーマス・フリードマンの『フラット化する世界』というベストセラーがある[12]。自由市場を礼賛するフリードマンは、いまや世界の大部分がグローバル市場に取り込まれ、

11　関根政美「白豪主義終焉からシティズンシップ・テスト導入まで―多文化社会オーストラリアのガバナンス」『法学研究』83 巻 2 号、2010 年 2 月、1-38 頁.
12　トーマス・フリードマン（伏見威蕃訳）『フラット化する世界―経済の大転換と人間の未来（増補改訂版）』日本経済新聞出版社、2008 年.

人々が個人としてグローバルな競争を繰り広げる「フラット化」の時代に入ったという。情報通信技術の発達で、これまで以上に細分化された広範な業務が企業外・海外にアウトソーシングできるようになる。また情報技術とインターネットの進展、そして流通の効率化は、世界中の人々が情報共有し、共同作業を行うことを可能にしている。先進諸国から移転する企業を誘致する発展途上国間でも競争が生じ、比較的低賃金で働く教育を受けた労働者が増加している。その結果、これまで市場競争から除外されてきた労働者や企業家も同じ土俵に立つようになり、グローバルな規模での競争が激化していく。アウトソーシングや情報・流通システムの進歩により、労働者は自国にいながらにして海外の労働者と競争させられる。また労働者を雇用する企業家にとっても、労働者が自国の出身であるかどうかは重要なことではなくなる。文化や民族とは無関係に、必要なときに必要な場所で、必要な技能をもっている人をふさわしい賃金で雇用できるかが重要なのである。

　フリードマンは、「フラット化」する世界において個人はグローバルな競争に生き残らなければならないと説く。そのためには絶えざる教育と努力によって自己鍛錬を続け、最新の情報を入手して「フレキシブル（序章参照）」に自己を変えていかなければならない。そうすればその人は「無敵の民」、すなわち自分の仕事がアウトソーシング、デジタル化、オートメーション化されることのない人々になることができる。「無敵の民」は、世界での競争に比類のない専門性をもつか、逆にとことん地元に密着した活動を行うがゆえに、その仕事を競争相手に奪われる可能性が低いのだ。それゆえ「無敵の民」には先述したフロリダのいうクリエイティブな人材も含まれる。世界に比類のない創造性をもっていれば、世界中のどこの企業でもその人は歓迎されるに違いない。そのような人材になれば、世

界を「フラットな庭」として自由に移動できるようになれるだろう。

だが実際には、世界中の労働市場を完全に自由に移動できる人など、もちろん存在しない。どんなに優れた人でも、国境を越えて職場を移動するにはそれなりの困難やリスクがつきものだ。私たちは、国や文化、企業の境界線を越えて移動することができたとしても、自らの思い通りに移動できるほど十分な力をもっていないのだ。それゆえ「無敵の民」なるものは、私たちがいくら努力しても到達できない究極の理想でしかない。にもかかわらずフリードマンのようなネオリベラルなグローバリストたちは、世界を「庭」とする生き方を至高と掲げ、人々に「フラット化」されたグローバル市場への適応を要求する[13]。「庭」の住民になりたければ絶えざる自己革新に努めよ、それができなければ「負け組」になる結末を「自己責任」として受け入れよ、というわけだ。

つまりフリードマンの議論はグローバル・エリートのために書かれているのではなく、グローバル・エリートになりたい人に向けて書かれた How to 本なのだ。このような代物に魅力を感じてしまうのは、私たちが実際に体験しているグローバリゼーションの現実が、「庭」の理想的なイメージとはまるで異なるがゆえでもある。過酷で不公平な競争の現実から何とか抜け出して、「庭」の住民の仲間入りをして不安から解放されたいと潜在的に願っている私たちは、グローバル・エリートになるための How to を求めてしまうのだ。

---

13 Charles Lemert et al. eds., *Globalization: a Reader*, New York: Routledge, 2010, pp.203-220.

第7章 「流される」不安とグローバルなリアリティ

1.「荒野」の住民たち

　グローバリゼーションという言葉は、市場が世界的に拡大していく経済的状況を指して用いられることも多い。それを積極的に進めていくべきだとグローバリストたちは説くが（前章参照）、市場原理主義が拡大していくことに反対する主張もある。いっぽうで、グローバリゼーションを経済現象に限定されない、より歴史的で包括的な文明の転換、つまり後戻りできない「時代の流れ」だと考える人々もいる[1]。そのような意味でのグローバリゼーションには私たちの誰ひとりとして逆らえないが、人々はこの「流れ」をそれぞれの社会的位置で異なるあり方で経験する。

　アルジュン・アパデュライは、グローバルな世界をある特定の視点から観察したときに見えてくる5つのリアリティを「スケープ（地景）」と呼んだ。「エスノスケープ（民族の地景）」とは、旅行者、移民、難民、亡命者、外国人労働者といった移動する集団や個人が織りなすグローバルな地景であり、ますます多くの人が、ますます遠くに、多様な場所へと、移動しようとするリアリティである。そうした移動する人の流れは国家や国家間の政治にこれまでにない影響を及ぼしつつある。「メディアスケープ（メディアの地景）」とは、マスメディア、電子メディアが発達し、世界中に情報を発信するリ

1　Charles Lemert et al. eds., *Globalization: a Reader*, New York: Routledge, 2010, pp.254-266.

アリティである。こうしたメディアによって、世界に関するさまざまなイメージが創造され、それが世界中に広まっていく。「テクノスケープ（技術の地景）」は、科学技術が国境を越えて世界的に広まっていくリアリティであり、「ファイナンスケープ（資本の地景）」は多国籍・超国籍企業の活動によって世界中がひとつのグローバル市場のなかに組み込まれ、それぞれのアクターが相互依存を深めているという、国境を越えた資本の移動の拡大のリアリティである。そして「イデオスケープ（観念の地景）」は、たとえば自由、民主主義、権利、福祉、主権といったイデオロギー（一貫性をもった主張の体系、または虚偽意識）が世界的に普及していくリアリティである[2]。

　この５つのスケープは、お互いに影響・錯綜しあいながらも独自に変化・流動していく。それは単一の次元に回収されない、グローバリゼーションの動態の複雑性を表している。異なった社会的位置にいる人々にとって、グローバリゼーションの経験はそれぞれ異なる。いずれの経験も、それを経験する人々にとっては等しくリアルである。つまりグローバリゼーションは、標準化していくシステム（第４章参照）のうえで人々がそれぞれまったく異なったリアリティを生きる状況をもたらすのだ[3]。

　前章でグローバルな「庭」と名付けた現実もまた、その住民にとってはリアルである。それは国境を越える人・モノ・カネ・情報の流れのなかで、ある程度自由自在に自分の位置を変える力をもち、グローバリゼーションによる変化にほとんど恩恵のみを感じる者だ

2　アルジュン・アパデュライ（門田健一訳）『さまよえる近代―グローバル化の文化研究』平凡社、2004年.
3　David Harvey, *Cosmopolitanism and the Geographies of Freedom*, New York: Columbia University Press, 2009. pp.57-62. ジョン・トムリンソン（片岡信訳）『グローバリゼーション―文化帝国主義を超えて』青土社、2000年、22-25頁.

けが見られる現実である。しかしグローバリストたちの処方箋に従ったとしても、私たちが「庭」の住民になるのは至難の業である。私たちの大半は、移動するパワーをもってはいるが、自らの思い通りに人生を統治できるほど十分にはもっていないからだ。そうした人々の経験するグローバルな現実を「荒野 (desert)」と呼んでみよう[4]。そこはまさに、嵐の吹きすさぶ大海原である。人々は懸命に自分の人生の航路を保とうとするが、自分ではどうすることもできない力によって航路は乱され、思いもかけぬところに流されていく。つまり「荒野」にいる人々も確かに移動するが、それは自分の人生が思うに任せないという「流される」経験でありがちなのだ。それゆえ「荒野」の住民である私たちは、グローバリゼーションのなかで自分が主体性を失って「流された」結果、生活の質が低下してしまうのではないかという不安を漠然と、あるいははっきりと感じている。前章で触れたフリードマンの議論のように、グローバリゼーションへの適応を説くネオリベラリストの言説のなかは、時代の変化に「流されず」に「柔軟に」対応するように執拗に私たちに迫るものが見受けられる[5]。そのような言説に説得力を感じてしまうのは、それが「荒野」の住民たちが潜在的に抱く「流される」ことへの不安に巧妙に訴えかけるからだ。

2．不要とされる不安

グローバリゼーションの「荒野」に住む人々が抱く「流される」

---

4 ここではスラヴォイ・ジジェクの〈現実界〉の砂漠（the desert of the Real)」という表現を借用している。スラヴォイ・ジジェク（長原豊訳）『「テロル」と戦争―〈現実界〉の砂漠へようこそ』青土社、2003年.
5 現代日本における「ハイパー・メリトクラシー言説」の氾濫と本田由紀が表現する現象も、その一例である。本田由紀『多元化する「能力」と日本社会―ハイパー・メリトクラシー化のなかで』NTT出版、2005年、39-74頁.

不安とは、時代の変化によって自らが「不要」とされるのではないかという不安でもある。リチャード・セネットは、現代先進諸国の労働者にとっての「不要とされる不安」の根源として以下の３つを挙げる[6]。第一に、グローバルな労働供給状況の変化である。技術をもった移住労働者の流入や国内の業務の海外へのアウトソーシングなどにより、労働者の競争が激化する。第二に、生産工程の機械化・オートメーション化である。業務が次々に機械にとって代わられることで、労働者は自分が不要とされるのではないかという不安を募らせる。第三に、先進社会に根深い高齢者差別がある。加齢に伴い身体能力が低下することは誰にも避けられないが、実際にはそれがすぐさま労働者としての生産性の低下に結びつくとは限らない。にもかかわらず、若い労働者ほど新しい技術と発想をもち、生産性も高いはずだという固定観念は労働の場で根強い。また中高年労働者に新しい技術を再教育するよりも、学校でそれを身に着けた若年労働者を雇用するほうが企業にとってはコストが安いこともある。それゆえ、自分が歳をとるにつれて次第に役立たずとなり、用済みとみなされるのではないかという不安が人々のあいだに強まっていく。

　アンソニー・エリオットらは、「不要とされる不安」の影響力が高まったため、先進社会における自己に対する見方が変化していると主張する。この「新しい個人主義」は、持続的な自己実現と即時的な自己再創造志向によって特徴づけられる。すなわち、現代人たちは労働、家庭、外見、精神、経歴等、人生のあらゆる側面において「つねに」「いますぐ」「改善」し続けようとする衝動にとらわれがちなのだ。そのような欲求を支配しているのは、新自由主義とグ

6　リチャード・セネット（森田典正訳）『不安な経済／漂流する個人―新しい資本主義の労働・消費文化』大月書店、2008年、87-134頁.

ローバリゼーションによって生み出される、自分が時代の変化に取り残され「捨てられるかもしれない不安」なのだとエリオットらは主張する[7]。

このように、人々はグローバリゼーションという時代の流れのなかで「不要」な存在とされ、自分の人生が漂流を始めるのではないかという不安を抱えがちになる。そうした不安の根源はグローバリゼーションそのものに他ならないのだが、たとえそのことを知ったとしても、彼・彼女らにとっては何の解決にもならない。何しろそれは大きな時代の潮流である。大海の魚が海流に抗することができないように、私たちは流れに抗することができない。しかしそれでも人々は、自分がまだ自分の人生を統治可能であり、自分の財産・職場・経歴・生活を自分自身で守ることができると信じたいがゆえに、より身近なところに自らの不安の原因を見つけ出そうとする。その際にしばしば起こるのが、マイノリティの人々を不安の元凶として排斥する風潮である。

いっぽう、さらに弱い立場にある人々は、グローバリゼーションによって自らの守るべきものを奪われ、「流される」経験を実際にしてしまいがちになる。大切なものを失った経験は、不安を怨念（ルサンチマン）に変える。その怨念はしばしば「移民・外国人がわれわれの職を奪う」「少数・先住民族の福祉にわれわれの税金が無駄遣いされている」といったマイノリティに対する暴力やレイシズムとして顕在化する[8]。

---

7 アンソニー・エリオット（片桐雅隆・森真一訳）『自己論を学ぶ人のために』世界思想社、2008 年、220-224 頁.
8 ガッサン・ハージ（保苅実・塩原良和訳）『ホワイト・ネイション―ネオ・ナショナリズム批判』平凡社、2003 年、295-322 頁.

3．少数者の恐怖

 マイノリティがマジョリティ国民の抱く不安や怨念のスケープゴートにされやすい理由は、マイノリティがマジョリティ国民の不安を刺激しやすいからだとアパデュライは主張する[9]。アパデュライによれば、グローバリゼーションの影響を受けるマジョリティ国民は、自分たちの国民国家がグローバリゼーションのなかで自律性を失いつつあるのではないかという「不完全性への不安」を抱えている。それはガッサン・ハージが描写した「自分たちの国家は、もはや自分たちを守ってくれないのではないか」という白人オーストラリア人が抱く不安のことである。このような不安こそが、マイノリティに対する白人のパラノイア（被害妄想）に基づく排外主義的ナショナリズム（パラノイア・ナショナリズム）を起動させるとハージは主張した[10]。アパデュライも、「不完全性への不安」がマジョリティ国民のナショナル・アイデンティティを「捕食性アイデンティティ」に変えるという。それは、ある集団が自らのアイデンティティを社会的に構築し、またそれを動員するために、それ自身に近接するほかの社会的範疇（すなわちマイノリティ）を抹殺しようとするアイデンティティである。こうしてパラノイアにとりつかれたマジョリティは、マイノリティの人々を暴力を用いて排除していくことになる

 しかし、ここに大きな矛盾がある。マイノリティとは定義上、国民国家において相対的に弱い立場に置かれる可能性が高い人々のことである。それでは強者であるはずのマジョリティはなぜ、弱者をそれほどまでに恐れなければならないのだろうか。この疑問につい

9　アルジュン・アパドゥライ（藤倉達郎訳）『グローバリゼーションと暴力—マイノリティーの恐怖』世界思想社、2010 年、72-121 頁.
10　ガッサン・ハージ（塩原良和訳）『希望の分配メカニズム—パラノイア・ナショナリズム批判』御茶の水書房、2008 年.

てのアパデュライの考えは興味深い。それによると、自由主義の政治思想において、もともとマイノリティは尊重すべきものであった。なぜなら自由民主主義においては、多数派ではない少数意見、すなわち「異議」が尊重されることが重要であったからだ。しかしこの場合の「マイノリティ」とはあくまでも政治過程における手続き上のマイノリティに過ぎなかった。つまり誰もが多数派とは異なる意見をもつことがありうるのであって、一時的にマイノリティになりうるがゆえに、少数意見は尊重されなければならないということだ。

しかし自由民主主義の進展と人権概念の普及によって社会的・文化的マイノリティの権利という概念が普及すると、そうした特定の集団の文化や価値観は常にマジョリティとは異なっているのだから、その集団の構成員は常に特定の権利を有するはずだという考え方が広まっていった。マイノリティの概念は手続き上の一時的なものから実体的で固定的なものへと変化していったのだ。こうしてマイノリティであることは「異議」すなわち少数意見の問題ではなく、主流派集団からの「差異」の問題としてとらえられるようになったとアパデュライは論じる[11]。その結果、マイノリティは自らの権利を主張することでマジョリティの権益を脅かすのだという社会通念が広まり、それがマイノリティの存在への不安を募らせ、捕食性アイデンティティを起動させることになる。

4.「庭」と「吹き溜まり」の多文化共生

こうしてグローバルな「荒野」の住民としてのマジョリティ国民のあいだで多文化主義に対する支持が減少し、保守・排外主義的ナショナリズムが勢力を増す。ただし、その矛先がグローバル・マル

11　アパデュライ前掲書、90-94 頁.

チカルチュラル・エリートに直接向けられることは少ない。なぜなら、こうしたエリートたちを歓迎する新自由主義こそが実際には格差の拡大やセーフティネットの弱体化を招き、マジョリティ国民の不安や苦況を増幅しているのにもかかわらず、新自由主義はそうしたエリートたちが国家の経済成長に貢献して、その他の国民を幸せにしてくれると説くからである。その結果、より弱い社会的立場にある移民・外国人がスケープゴートの矢面に立たされることになる。

現代先進諸国では、「役に立つ」「高度人材」移民・外国人だけではなく、特定の産業での労働力不足や少子高齢化に伴う人口減少に対応するために、非熟練・半熟練労働移民が導入されることがある。主流社会からはあまり歓迎されないとはいえ、家族呼び寄せ移民や難民を完全に閉め出すこともできない。「庭」という異なる現実を生きるグローバル・マルチカルチュラル・エリートとは異なり、こうした移民たちは大半のマジョリティ国民たちにとって同じ「荒野」の住民であるにもかかわらず見慣れぬ「隣人」であるため、スケープゴートの矛先となりやすい。その結果、マイノリティたちはマジョリティのパラノイア・ナショナリズムの暴力の犠牲者となり、社会的に排除されていく。こうしてマジョリティ国民による反多文化主義が多くの民族・文化的マイノリティたちを社会的に排除すればするほど、グローバル・エリートを歓待する「選別／帝国」の多文化主義（前章参照）が温存されることになる。

だが、暴力をふるったマジョリティたちの不安や怨念の根本的原因はグローバリゼーションという「時代の流れ」なのだから、マイノリティを排除しようとしたマジョリティ自身もグローバルな労働市場のなかで激しい競争にさらされ、搾取され続ける。結局、排除する人もされる人も同じように流れに呑まれ、流され続けるのだ。そしてその先に、停滞が訪れる。そこはグローバリゼーションの荒

海のなかに生じた吹き溜まりであり、ジグムント・バウマンが「人間廃棄物」の処理場と呼んだ場所である[12]。流れに抗する力を失った（ディスエンパワーされた）人々が、そこにはまり込み、滞留する。もはや彼・彼女たちを外へ連れ出してくれる、いかなる流れも風もない。

　もちろん、吹き溜まりに落ち込んだ人々とて死んでいるわけではないし、完全に希望を失ったわけではないかもしれない。彼・彼女らはなんとかそこから抜け出そうとし、小さなうめき声をあげる。しかしその声は小さすぎるし、さまざまな政治や社会構造に阻まれて、フラット化されたグローバルな「庭」の住民たちには届かない。そうした人々にとって、それは庭に開いたモグラの穴のようなものだ。ときおり足を突っ込んでつまずいたとしても、急いで穴は塞がれ、穴の下の奈落に気づくことはない。

　いっぽう「荒野」の住民たちには、自分たちの流されていく先にある「吹き溜まり」が見えている。両者を隔てるセーフティネットという境界線は穴だらけなのだ。彼・彼女らは、そこに一度落ち込んだらまず抜け出せないと予感する。しかしだからこそ、彼・彼女らは自分より先に吹き溜まりに落ち込んだ人々を見て見ぬふりをする。荒野から吹き溜まりへの流れは一方通行であり、落ち込んだ人々を助けようとして手を差し伸べたら、自分のほうがそこに流れ落ちてしまうかもしれないのだから。こうして吹き溜まりに落ち込んだ人々は不可視な存在となる。それは、誰からも顧みられない人々、すなわちアンダークラスであり、誰にも話を聞いてもらえない人々、すなわちサバルタンである[13]。

12　ジグムント・バウマン（中島道男訳）『廃棄された生—モダニティとその追放者』昭和堂、2007年.
13　ガヤトリ・C. スピヴァク（上村忠男訳）『サバルタンは語ることができるか』みすず書房、1998年.

しかし皮肉なことに、アンダークラスへの下降一方通行の道もまた多文化主義的である。なぜなら新自由主義の台頭にともなう福祉国家システムの衰退によって、マイノリティであるかマジョリティであるかを問わず、社会的排除の状況に追いやられる可能性のある人々が増大しているからだ。派遣労働者は、経済危機になればそれが日本人だろうが外国人だろうが「平等に」（もちろん、程度の差はあるものの）「切られる」のである（第9章参照）。排除された人々が留め置かれる「吹き溜まり」は、人種やエスニシティの区別なく人々が廃棄処分にされるという意味で多文化が共生する場である。ネオリベラル多文化主義による選別の結果としての「庭」の多文化共生と、ネオリベラルな排除の結果としての「吹き溜まり」の多文化共生は、「荒野」の住民たちの不安と怨念によって結びつけられ、同時進行していくのだ。

第8章 「やむを得ない措置」という陥穽

1.「不法」という他者

　前章で論じたように、移民や外国人は「荒野」の住民たちのスケープゴートの矛先になりやすい。そのなかでもとりわけ標的となりがちなのが「不法」入国・滞在者である。2000年代前半のオーストラリアでは、「ボート・ピープル」としてオーストラリアに漂着する人々を国内に入れないために、連邦政府が自国の領土外に難民申請者の収容所を建設したことが政治問題化した[1]。同時期の日本では、多文化共生言説が台頭し「高度人材」外国人の活用が叫ばれると同時に、非正規滞在外国人住民に対する取り締まりが強化された。警視庁は2003年8月に「緊急治安対策プログラム」の柱のひとつとして「組織犯罪対策と来日外国人犯罪対策」を掲げた。そして同年10月、警視庁と東京都は「首都東京における不法滞在外国人の強化に関する共同宣言」を発表し、非正規滞在者に対する取り締まりを厳格化した。こうした一連の出来事のなかで、非正規滞在外国人は治安悪化の元凶としてシンボル化され、世論調査においても非正規滞在者をはじめとする外国人が治安悪化の原因であるという意見が多数を占めるようになった[2]。

　ただし、日本において非正規滞在者は常に害悪視されてきたわけ

---

[1] 塩原良和「あらゆる場所が『国境』になる―オーストラリアの難民申請者政策」『Quandrante』第10号、2008年、51-64頁.
[2] 鈴木江理子『日本で働く非正規滞在者―彼らは「好ましくない外国人労働者」なのか？』明石書店、2009年、137-146頁.

ではない。もちろん、彼・彼女たちを犯罪者予備軍とみなす偏見は以前から存在した。しかし鈴木江理子によれば、1980年代後半から1990年代初頭にかけての世論調査では、「不法」就労はよくないことだが、そうした外国人たちは人手不足の3K職種を担うことで日本経済を支えてくれているといった意見が多数を占めていた。そのような世論を背景に、マスメディアも人手不足に悩む事業所を支える「不法」就労者をやや好意的に伝えていた。さらに鈴木は、当時の警察や入管は非正規滞在者の存在を実質的に黙認・放置しがちであり、そのような当局の姿勢や日本人雇用主や同僚の寛容さもあり、非正規労働者たちの多くは日本社会のなかで生活の場を築いていったと論じる[3]。

しかし2000年代に入ると、非正規滞在者は一転して日本社会から徹底的に排除されることになった。それまで非正規滞在者を黙認してきた警察や入管は取り締まりを厳格化し、日本に長期間在住して生活の基盤を築いてきた人々が後述する収容施設に入れられ、強制送還されることも多かった。マスメディアも彼・彼女たちを「治安悪化の温床」として表象する傾向を強めていった。しかし、「不法滞在外国人が治安悪化の温床である」という主張には確固とした統計的根拠がない。日本全体の一般刑法犯の検挙人数に占める来日外国人の割合は1990年代からそれほど変化がなく、わずか2％前後であるし、日本全体の凶悪犯検挙人数に占める割合も1990年代以降3〜5％（非正規滞在者に限れば1〜3％）で推移している[4]。そもそも非正規滞在者の数自体、1993年には約30万人であったのが厳格な取り締まりの影響もあり、2010年には約9万人にまで減少した[5]。にもかかわらず、依然として多くの人々が日本社会の

3　同上書、181-185頁.
4　同上書、130-133頁.

治安の悪化を感じている。それゆえ、外国人、とりわけ非正規滞在者が「治安悪化の温床」であったとはいえない。むしろ、彼・彼女たちはスケープゴートにされてきたと考えるほうが自然である。ただし、日本の治安が実際に悪化しているかどうかには論争の余地があることにも注意しなければならない[6]。いわゆる「体感治安」の悪化という現象が明確に示しているのは、多くの日本人たちが日本社会の治安の悪化に「不安を感じている」ということだけなのだ。つまりそれは前章で論じた、自らの国家に対する「不完全性への不安」の反映なのである。行政による「不法」外国人の取り締まりは、こうした不安から生じたパラノイア・ナショナリズムを動員することで行政への支持を高めようとする企てだともいえるのだ[7]。

2．予防的排除

非正規滞在者のなかには、日本社会で長年生活して生活の拠点を築き、その生活を続けることを望んで在留特別許可を申請し、日本政府から合法的な在留許可を与えられる人も多い[8]。非正規滞在者等に与えられた在留特別許可の件数は 2000 年代に入って急増し、一時は年間 1 万件を超えた[9]。しかし非正規滞在者数の減少とともに近年は減少し、2009 年は約 4600 件であった。こうした人々の

---

5 『平成 22 年版　出入国管理』法務省、32 頁．
6 浜井浩一『『日本の治安を脅かす外国人犯罪』の実態─実体のない影に脅える市民」外国人差別ウォッチ・ネットワーク編『外国人包囲網─「治安悪化」のスケープゴート』現代人文社、2004 年、24-31 頁．
7 オーストラリアにおける 2000 年代初頭の「ボート・ピープル」政策の厳格化についても、同様の解釈が可能である。以下を参照。塩原良和『変革する多文化主義へ─オーストラリアからの展望』法政大学出版局、2010 年、110-115 頁．
8 在留特別許可とは、非正規滞在者や資格外活動を行った合法滞在者、一定以上の罪を犯した合法滞在者など、退去強制に該当する者に対して、法務大臣の個々の裁量によって合法的な滞在を認める措置であり、入管法によって定められている。
9 近藤敦・塩原良和・鈴木江理子編著『非正規滞在者と在留特別許可─移住者たちの過去・現在・未来』日本評論社、2010 年、73-74 頁．

なかには長年真面目に働き続けて職場の上司や同僚の日本人の信頼を得た人も多く、その子どもたちも日本の学校に通い日本人の友だちとともに成長してきた。しかしその一方で、非正規滞在者に限ったことではないが、日本社会での生活に困窮して犯罪に手を染めたり、将来への展望のなさから学校を中退しストリート・ギャングのような生活に至る外国人が一部にいることも、残念ながら事実であろう。それは、そのような境遇から犯罪に走る日本人がいるのと同じことである。

だが罪を犯した日本人がひとりいたとしても、すべての日本人が悪人であるはずはない。当然、私たちはそのことを知っている。そもそも、生涯で一度も法律で定めたルールを破らない日本人がどれだけいるだろうか。誰でも一度くらいは、不注意で駐車違反をしたり、急いでいて赤信号の横断歩道を渡ったり、忙しくて税金の納期限を見過ごしたりするものだ。そしてそのような違反をしたからといって、その日本人が人格的に邪悪な人だとは限らない。もちろんルールを破るのは望ましいことではないが、その人を目の前にして実際に話してみれば、人それぞれ、さまざまな事情を抱えていることがふつうは分かるものだ。

出入国管理法及び難民認定法という、日本政府が決めたルールに違反した結果、合法的な在留資格を持たない非正規滞在外国人住民もまた、それだけで悪人であるとは限らない。そうでなければ、この社会に悪人でない者など、日本人を含めてほとんどいないことになってしまう。にもかかわらず、行政やマスメディアに「不法滞在者」と呼ばれることで、そうした人々は性根から悪に染まっているかのように疑われがちである。また「不法」というレッテルは、自分たちの知らない「裏世界」を連想させる。そうなると、自分の目の前に非正規滞在者がいるときですら、彼・彼女たちをひとりひと

り異なる人格として見ることが難しくなる。「なるほど、目の前の人物は一見無害なように見える。しかし不法と呼ばれる以上、私の知らないところで犯罪と絡んでいるかもしれない。関わりあいにならないほうがよいし、日本から出て行ってもらうに越したことはない」というわけだ。こうして非正規滞在者への厳しい取り締まりは、日本人たちの「予防的排除」のまなざしによって容認・黙認される。たとえば難民として庇護を申請した人も、難民申請が認められるまでは非常に不安定な法的地位に置かれることになる。2010年に日本で難民申請をしたのは1202名であり、行政が処理した件数は異議申し立てを含めて1906件であったが、そのうち政府によって難民と認められたのはわずか39件であった。助けを求めてやってきた新天地で、彼・彼女たちの多くは「不法」滞在者予備軍として行政や周囲から予防的排除のまなざしにさらされる。

3．ゼロ・トレランスとワイルドゾーン

　異質な他者を一枚岩的にとらえたうえで予防的に排除しようとする心理は、近年の先進諸国で大きな流れとなっている「ゼロ・トレランス（寛容度ゼロ）」な治安対策という考え方と親和性がある。ロイック・ワカンによれば、それは「凶悪な犯罪を減少させるためには、まず日々の小さな風紀の乱れを徹底的に取り締まらなければならない」という考え方に基づき、軽微な違反を見逃さずに徹底的に取り締まる治安対策である。ゼロ・トレランスな治安対策がその他の治安対策に比べて成功しているという根拠は、必ずしも明らかではない。しかしそれは、ミドルクラスの人々にとって「人目につき、公共空間でトラブルの原因となったり、不快感を与えたりするような貧困」を警察が監視し、司法が裁くことを正当化する。その結果ミドルクラスの人々にとっては、貧困者を監視し厳格に取り締まる

ことがあたかも治安回復に寄与するかのように見える[10]。

　こうしてゼロ・トレランスな治安対策では、多くの貧困層が単に見かけや態度、雰囲気だけで警察に拘束されたり、職務質問を受けたりすることになる。それゆえ社会的下層に属する移民や外国人は、まさにその「見かけ」のゆえに治安悪化の元凶であるかのようにみなされ、移民・外国人問題と治安問題が混同視されるようになる。そのなかでも難民申請者を含む非正規滞在者たちは、ゼロ・トレランスな治安対策によって権利を特に侵害されやすい。なぜなら、彼・彼女らは外国人であることと非正規滞在者であるという二重の意味で、シティズンシップをはく奪されているからである。第4章で論じたように、国民国家の自律性が衰退しつつあるといわれる現代世界においても、人々のシティズンシップを保障するもっとも重要な制度が国民国家であることに変わりはない。それゆえ国民でない外国人は、シティズンシップを十分に享受できない。もちろんシティズンシップの対象を国籍保持者に限定せずに、外国籍住民にも拡大していくべきだという主張も影響力を増している。だがそれを「不法」とされる外国人にまで適用することには、マジョリティ国民のあいだに根強い抵抗感がある。こうして外国人であることと非正規滞在者であることによって法の保護から二重に疎外された人々は、法治国家の内部にありながら法の支配が行き届かない場所に放置されがちになる。

　先述した2003年の「首都東京における不法滞在外国人の強化に関する共同宣言」の際、摘発される外国人の数は急増した。摘発者の収容に関しては原則として全件収容主義であり、難民申請者のように本来救済されるべき対象であるはずの者も入管の収容施設に収

10　ロイック・ワカン（森千香子・菊池恵介訳）『貧困という監獄―グローバル化と刑罰国家の到来』新曜社、2008年、6-31頁.

容されうる。また被収容者が帰国に同意しなかったり、帰国資金がなかったり、難民申請者のようにそもそも帰国が困難な場合、無期限・長期にわたって収容される可能性がある。プライバシーも外部との連絡手段も不十分な収容施設での先の見えない毎日のなかで、多くの被収容者は極度の心理的ストレスにさらされ、精神に異常をきたす場合すらある。また強制収容によって家族が分断された場合、施設の外にいる収容者の家族も多大な心理的、経済的負担を強いられる。入管職員が被収容者を暴行・虐待したり、医療行為が必要な者に適切な処置をせずに放置したりする事例も頻繁に報告されている。暴力的な手段や、向精神薬を多量に投与し抵抗できなくして被収容者の帰国を強要した事例すらある[11]。2年間収容されたあげくに自殺未遂を起こしたある被収容者は、自身の経験を以下のように述べた。

> ……わたしはドアをけった。すると10人くらいのセンセイ[12]が来て、別の部屋（註：保護室）に連れて行かれた……そこで足に手錠をはめられ、手を背中に回して後ろで手錠を無理矢理かけられ、わたしは寝かせられ、そのまま放置された。その状態でも自分でなんとか立つことができた。ものすごい勢いで頭をドアにぶつけたところ、センセイたちがいっぱい来た。「何をやっているのか。死にたかったら殺してやる」と言って、わたしを足でけっとばした。そしてセンセイたちは私の顔をトイレの水の中に押し込んだりした。本当にあのセンセイたちは人間ではない。20人くらいのセンセイたちに殴られ蹴られ、殺されそうになった。暴

---

11 「壁の涙」製作実行委員会編『壁の涙―法務省「外国人収容所」の実態』現代企画室、2007年.
12 被収容者である外国人は、収容施設の職員である日本人を「センセイ」と呼ぶように指示されているという。同上書、91-92頁.

行は10分くらい続いたように思う。ごめんなさいもうしません、何度も謝ったらようやくやめた[13]。

　日本人の多くは入管収容施設の存在自体を知らないが、人権団体や外国人住民支援団体の調査や告発から伺い知ることのできるその内情は、日本が基本的人権の保障された法治国家である、という私たちの確信を揺るがしかねない。法治国家である日本において、法から放置された場が確かに存在する。これをテッサ・モーリス＝スズキはスーザン・バック＝モスを引用しつつ「ワイルドゾーン」と呼んだ[14]。モーリス＝スズキによれば、2001年の米国同時多発テロ以降、テロ対策を口実に治安当局によって人権を制限され、超法規的な状況に置かれる人々が増大してきた。しかし社会の中枢に近いところでは、市民運動や議会制民主主義が法の支配の遂行を監視している。それゆえそうした監視の眼が行き届きにくい、中枢から離れた場所でワイルドゾーンは発現しやすい。それは地理的な意味での辺境でもあるが、制度的な意味での境界、すなわち出入国管理制度の内部であることも多い。

　一般に国民国家は、越境できる者とできない者を分類するある程度の指針となる法規を持っている。しかし、個々にどのような法規が適用されるかを決定するのは出入国管理所の現場の係官である。最も民主的と呼ばれる社会においても、出入国管理官の権力は恣意的であり、絶対的だ。そこでは管理官が個々の決定を正当化するための何ものも必要とされない。……通常入国に関わる決定は、入国希望者がどれほど「リスク」をもつかという、出入

13　同上書、121-122頁.
14　テッサ・モーリス‐スズキ（辛島理人訳）『自由を耐え忍ぶ』岩波書店、2004年.

国管理官個人の判断にもとづいて行われる。……この「リスク審査」は、人種・民族、国籍、宗教、階級、言語、外見等にかかわる出入国管理官がもつ情報や先入観・偏見の堆積に基づいたものだ[15]。

こうして先進民主主義諸国において、非正規滞在者は超法規的な状況の下にしばしば留め置かれることになる。

4．超法規的措置の常態化

いうまでもなく、民主主義・法治国家においてワイルドゾーンは本来存在してはならない。しかし、それはしばしば民主主義と法の支配を守るための「やむを得ない措置」だと主張される。「やむを得ない措置」だと主張されると、それは「隠されなくなる」。つまり、国家による人権侵害や超法規的措置が「必要悪」として容認・擁護される事態が生じる。このような状況をガッサン・ハージは「戦時社会」と呼ぶ[16]。非正規滞在者がワイルドゾーンの状況に置かれることを「やむを得ない」と思っている日本人は、自分たちが政府に護られさえすれば、外国人が排除されていようがどうでもよいと思っているのかもしれない。あるいはマイノリティに対する支援が自分たちの既得権益を奪うことを心配しているのかもしれない（次章参照）。いずれにせよ、「やむを得ない措置」を容認する態度は、マイノリティの問題を「関わらずに済まそうと思えば関わらないで済むこと」つまり「他人事」とみなすことから生じる。

だがそれは本当に他人事なのだろうか。第5章で述べたように、

15　同上書、106 頁.
16　ガッサン・ハージ（塩原良和訳）『希望の分配メカニズム―パラノイア・ナショナリズム批判』御茶の水書房、2008 年、93-113 頁.

公定多文化主義はマイノリティへの支援、すなわち福祉多文化主義の要素を持つ。日本でも多文化共生を社会統合政策として発展させるべきだという主張があるが[17]、それは必然的に社会保障・福祉政策としての体系化を伴う。マイノリティへの支援が社会福祉政策に組み込まれていけば、必然的に社会福祉政策体系全体と連関するようになる。その結果、マイノリティの人々の社会的排除を放置ないし助長する政策がマジョリティの人々の社会的包摂に悪影響を及ぼすこともありうる。たとえば1970年代から公定多文化主義が採用されているオーストラリアでは、先住民族の権利と社会的地位を向上する政策も進められてきた。そのオーストラリアで近年論議を呼んだ、北部準州の先住民族アボリジニに対する「北部準州緊急対応（Northern Territory Emergency Response）」政策は、マジョリティ国民がマイノリティに対する政策を他人事とみなすことがなぜ危険なのかを示唆している点で検討に値する。

　アボリジニと呼ばれる人々は英国の植民地化により18世紀末から先祖の土地を奪われ、同化政策によって伝統文化や言語を奪われてきた。第二次世界大戦以降の権利回復運動によって先住権や土地権はある程度回復されたが、多くのアボリジニは植民地化の負の遺産である貧困、失業、劣悪な衛生・住宅環境、飲酒や薬物・賭博の蔓延、教育機会や達成における格差、偏見・差別に直面している。2006年、あるテレビ報道をきっかけに、北部準州のアボリジニ・コミュニティでの児童への性的虐待の深刻さに社会的関心が集まった[18]。北部準州の労働党政権（当時）の調査委員会が2007年4月に提出した『幼児は天からの授かりもの』報告書は、アボリジニの

17　たとえば北脇保之「日本の外国人政策―政策に関する概念の検討および国・地方自治体政策の検証」『多言語多文化―実践と研究』第1号、2008年、5-25頁.
18　Sarah Maddison, *Black Politics: Inside the Complexity of Aboriginal Political Culture*, Crows Nest NSW: Allen and Unwin, 2009, p.13.

児童への性的虐待の存在を認め、行政による早急な対応を求めた[19]。

ただし同報告書も認めているように、こうした問題の存在は以前から知られており、2007 年になって急に深刻化したわけではなかった[20]。性的虐待が行われる背景にある、アボリジニ社会に広まる貧困や劣悪な居住環境、失業や教育格差などの社会構造の改善に長期的視野で取り組む必要性も、以前から多くの論者によって指摘されていた[21]。だが同年 6 月、ジョン・ハワード連邦首相（当時）はこの報告書を根拠に、北部準州政府にはアボリジニの幼児虐待問題に対処する能力がないと非難し、連邦政府の介入を発表した[22]。そして「北部準州緊急対応タスクフォース（Northern Territory Emergency Response Task Force）」を結成し北部準州に投入した[23]。同年 8 月には関連法案が連邦議会で可決された。こうして開始された北部準州緊急対応政策は、主に以下のような内容を伴うものであった[24]。

・北部準州のアボリジニの居住地でのアルコールの売買・所持・消費を大幅に制限する
・有害な目的に金銭が使用されることを防止し、児童福祉のための財源が適正な目的で使用されるのを保証するために福祉制度

19　Board of Inquiry into the Protection of Aboriginal Children from Sexual Abuse, *Ampe Akelyernemane Meke Mekarle (Little Children are Sacred)*, Northern Territory Government, 2007, pp.57-73.
20　Ibid., p.5.
21　Ibid., pp.12-18.
22　Standing Committee on Legal and Constitutional Affairs, The Sanate, *Social Security and Other Legislation Amendment (Welfare Payment Reform) Bill 2007 and four related bills concerning the Northern Territory National Emergency Response*, Canberra: Commonwealth of Australia, 2007, pp.1-2.
23　同タスクフォースは 2008 年 6 月まで活動を続けた。*Northern Territory Emergency Response Task Force Final Report to Government*, June 2008.
24　Maddison, op. cit., pp.13-14.

改革を行う
- アボリジニの土地のすべての住民のために、収入管理制度（income management）や家族支援手当と連動させつつ、親が児童を学校に登校させたり自分の子どもに食事をさせることを奨励する
- すべてのアボリジニ児童の健康状況を把握し、いかなる虐待の兆候も見逃さないために、強制的に健康診断を行う
- 指定されたアボリジニの居住地を5年間、「該当期間」についての補償の支払いとともに、政府が借り上げる
- 州や準州の司法当局の支持を得つつ、指定された地域における治安対策の水準を引き上げる
- 指定された地域の共有地、道路、交通機関、滑走路への入域許可制度（permit system）を廃止する
- 「失業手当のための労働（work for the dole）」制度をつうじて地域の労働力をコミュニティの美化や修繕に動員する
- 市場に見合った価格の家賃や正規の賃貸契約によって住宅事情を改善し、地域の住環境を改革する
- X指定のポルノの所持を禁止し、公金で購入されたすべてのコンピューターに違法な装備がされていないかどうか検査する
- 指定された地域のすべての政府事業について責任者を任命する

そもそも『幼児は天からの授かりもの』報告書は、政府が対策を講じる前にアボリジニ・コミュニティからの意見聴取を重ねて実施する必要性を強調していた。また同報告書をはじめ多くの個人や団体は、アボリジニ児童の性的虐待問題を改善するためにはアボリジニ・コミュニティへの長期にわたるエンパワーメントが必要であると主張した[25]。にもかかわらず連邦政府はそれを無視し、極めて短

い期間のうちに緊急対応政策を立案・実行した[26]。また北部準州緊急対応政策には、同報告書の提言にはなかった内容も盛り込まれた。特に、政府がこうした措置を行うために、人種に関わらない公正な扱いを定めた 1975 年反人種差別法の北部準州緊急対応政策への適用を延期したことが大きな批判を浴びた。また入域許可制度[27]の廃止の表明や先住民族の土地の強制借り上げなどの実施は、連邦政府が児童への性的虐待を防ぐことを口実に、1976 年（北部準州）先住民土地権法などによって先住民族が獲得してきた権利を奪おうとしているのではないかという懸念を、先住民族側やその支援者たちにもたらした[28]。

緊急対応政策のこうした問題点について、アボリジニの指導者や人権団体、緑の党、そしてオーストラリアを訪れた国際連合の特別報告者からも批判や疑問が提起された[29]。だがハワード政権が当初掲げた「子どもの安全の確保」という金科玉条は国内世論に支持され、また長い間改善が見られなかったアボリジニの社会的排除の改善に向けて予算措置がなされること自体は歓迎するア

---

[25] Board of Inquiry into the Protection of Aboriginal Children from Sexual Abuse, op. cit., pp.12-18. Australian Council of Social Service, *Submission to the Department of Families, Housing, Community Services and Indigenous Affairs NT Emergency Response Review*, Strawberry Hills NSW: ACOSS, 2008, p.40. Maddison, op. cit., pp.41-43.

[26] Board of Inquiry into the Protection of Aboriginal Children from Sexual Abuse, op. cit., p.21. および同報告書の著者の一人による以下の寄稿も参照。Rex Wild, "An unfinished business," *The Age*, September 11, 2009.

[27] 1976 年アボリジニ土地権法によって確立された制度で、アボリジニの伝統的土地所有者がかれらの土地・居留地に外部の者が許可なく立ち入るのを拒否できる仕組み。

[28] Pat Turner and Nicole Watson "The Trojan Horse," in Jon Altman and Melinda Hinkson eds. *Coercive Reconciliation: Stabilise, Normalise, Exit Aboriginal Australia*, North Carlton: Arena Publishing Association, 2007, pp.205-212.

[29] 主なものとして以下を参照。Australian Council of Social Service, op. cit., Altman and Hinkson eds., op. cit. Standing Committee on Legal and Constitutional Affairs, op. cit. Amnesty International Australia, *Race Discrimination, Special Measures and the Northern Territory Emergency Response*, Broadway NSW: Amnesty International Australia, 2009.

ボリジニ当事者も少なくなかった[30]。特に収入管理制度などの社会福祉改革については、これを「福祉依存」に陥っているアボリジニ社会を変える好機とみなし、「受け身の福祉」のあり方を変えるために積極的に支持するアボリジニ知識人や指導者もいた[31]。当時連邦政府では野党であった労働党も緊急対応政策を支持し、2007年11月の連邦総選挙で政権に就いた後もそれを継続した。

　北部準州緊急対応政策は、先住民族に対する政策と主流社会との関係を考えるうえで重要な諸論点を提起する。ここでは同政策で導入された、特定の地域のアボリジニ福祉手当受給者に対する収入管理制度の展開に注目したい。これは給付金が政府の意図に沿って使われるように、受給者の自由を一部制限してその消費行動を管理しようとするものである。給付金の大半は現金ではなく特定の店舗でのみ使用可能なカードによって支給され、衣食住や教育といった生活必需品・サービス以外の消費が制限された。このカードをつうじて、アボリジニ受給者の消費活動は福祉手当の給付を所管する公益法人によって管理された。こうした施策が北部準州の特定の地域に住むアボリジニの福祉手当受給者だけに、個々の人格や能力にかかわらず一律に適用されることは、その地域のアボリジニ受給者すべてが社会的無能力者で児童虐待の加害者であるかのようなスティグマを付与する点で「差別的」であり、1975年反人種差別法や国際人権法に反するという批判も強かった[32]。2007年の連邦選挙で勝利した労働党政権はこうした批判を受け、2009年5月に北部準州

30　Central Land Council, *Reviewing the Northern Territory Emergency Response: Perspectives from Six Communities*, Alice Springs: Central Land Council, 2008.
31　もちろん、こうした考えや緊急対応政策自体に反対する者も多く、アボリジニ指導者間での意見対立が顕在化した（Maddison, op. cit., pp.14-18.）。
32　Australian Council of Social Service, op. cit., pp.13-14. 以下も参照。Amnesty International Australia, op. cit. Central Land Council, op. cit.

緊急対応政策に関するディスカッション・ペーパーを発表し、制度改革に向けた意見を募集した。

　しかし連邦政府は収入管理制度を撤廃せず、まったく反対の対応をとった。ディスカッション・ペーパーの成果をまとめて公表された改革案の目玉となったのは、収入管理制度の適用範囲の拡大だったのである。すなわち意見募集の結果、連邦政府は「収入管理制度は、地域社会において深刻な社会的圧力を被りながら生活している福祉受給者やその家庭を支援するのに効果的な手段であると確信」し、さらに「多くの非-先住民族の福祉受給者もやはり深刻な孤立や危険な状況に置かれている」と認識した[33]。そしてこうした人々は「福祉依存」に陥りやすいとし、それを防ぐためにそれまでアボリジニ住民に限定されていた収入管理制度を、非-アボリジニを含む北部準州全体の福祉受給者（ただし、適用が除外される場合もある）に「非差別的に」適用することにした[34]。さらに連邦政府は、将来的には収入管理制度をオーストラリア全土の該当する地域の人々に適用していく方針を明らかにした。こうして収入管理制度が「非差別的」になったとして、連邦政府は北部準州緊急対応政策に対する1975年反人種差別法の適用除外を解除すると発表した[35]。

5．「社会実験」としての排除

　北部準州緊急対応政策における収入管理制度は、適用除外を認めるなど改善された面もある。にもかかわらず、同制度の「非差別的」

---

[33] Department of Families, Housing, Community Services and Indigenous Affairs, *Policy Statement: Landmark Reform to the Welfare System, Reinstatement of the Racial Discrimination Act and Strengthening of the Northern Territory Emergency Response*, 2009, p.5.
[34] Ibid., p.6.
[35] Ibid., pp.1-2.

な適用拡大という事態は、福祉受給を個人の権利ではなく、自立した個人ではない証しというスティグマとみなす点で、ワカンの主張する「刑罰国家」論を想起させる。ワカンが論じるように、貧困者や福祉受給者に人格的欠陥者というスティグマを付与し、ゼロ・トレランスな治安政策で管理することは、自己責任の名の下に貧困層を福祉制度から排除し、低賃金労働市場に押しとどめていくことになる[36]。北部準州緊急対応政策以後、遠隔地に住むアボリジニが「福祉依存」を脱して賃金労働に就くことを奨励する傾向が強まった。しかし仮に職業訓練等を受けたとしても、彼・彼女たちの住む遠隔地には低賃金の非熟練職種に就く機会すら少ない。それゆえアボリジニたちには鉱山労働などの仕事に就くか、故郷を離れて都市部に働きに出るかという選択肢しか残されない[37]。また労働党から保守党へと政権交代した北部準州の政府は、ゼロ・トレランスを掲げた治安対策をこうした雇用対策と同時に推進している。

　そして収入管理制度の適用拡大という事態が示唆しているのは、マイノリティに対しての超法規的・例外的な政策の導入の黙認は、マジョリティ国民にとっても危険だということだ。実は連邦政府はかなり以前から収入管理制度を国内各地で限定的に試行し、その効果を検証していた。北部準州緊急対応政策のほか、クイーンズランド州北部ケープ・ヨーク地域のアボリジニ・コミュニティなども収入管理制度の「実験台」にされた[38]。マイノリティを対象にした「例外」措置は、その政策の効果を試す「社会実験」の舞台としては都

36　ワカン前掲書.
37　Jon Altman, "What future for remote Indigenous Australia?: economic hybridity and the neoliberal turn," in Jon Altman and Melinda Hinkson eds., *Culture Crisis: Anthropology and Politics in Aboriginal Australia*, Sydney: University of New South Wales Press, 2010, pp.259-280.
38　Department of Families, Housing, Community Services and Indigenous Affairs, op. cit., p.6.

合がよい。その実験の時間・場所を限定し、あらかじめ「成功」という評価を受けやすい状況で実施できるからだ。その結果、マイノリティに対する「例外」であったはずの措置のマジョリティへの適用が正当化される[39]。

日本政府が 2009 年 7 月に改訂・交付した入管法において、これまで市町村が行っていた外国人登録が廃止され、外国人の在留管理が法務省の下に一元化されることになった。新たな制度のもとでは、法務省が外国人の在留管理に必要な情報を一元的に把握することになった。外国人の「公正な管理」という名目のもとに、継続的・包括的に外国人に関わる個人情報を収集・保有し（データマッチング）、分析（プロファイリング）することが正当化される。また在日外国人に発行される「在留カード」の常時携帯義務も強化されることになった[40]。いまのところ、政府は自国民についてはプライバシーの保護という観点から個人情報のデータマッチングやプロファイリングを実施していないし、身分証明書の常時携帯も義務付けてはいない。しかし 2000 年代の西欧諸国で成立した、いわゆる反テロリズム法の経験が示しているように、社会の安全への懸念が高まったとき、個人情報の管理の強化が自国民にまで及ばない保証はない[41]。その際、外国人向けの「例外措置」のはずだった措置が「成功例」とみなされ、より広い範囲に導入される可能性は否定できない。杉田敦は、次のように述べる。

　治安対策は、一般の人々には影響しないという考え方が根強い……しかし実際には、ある人々が排除されても安心することはで

39　ハージ 2008 年前掲書、85-89 頁.
40　外国人人権法連絡会編『外国人・民族的マイノリティ人権白書 2010』明石書店、2010 年、12-83 頁.
41　オーストラリアの事例については塩原 2008 年前掲論文を参照。

きず、今度は残された群れの中から別の人々が排除される。こうして、結局、最後の一人が消滅するまで、社会の中からリスクをゼロにすることはできないのである。こういう粛清の循環が始まったらどうなるのか……テロを「根絶する」という言葉が含むテロリズムを意識すべきである[42]。

　私たちは非正規滞在者をはじめとするマイノリティへの超法規的措置を、社会の安全を保つための例外措置として黙認してしまいがちである。しかしマイノリティへの超法規的措置のもつ「社会実験」としての側面を見逃すべきではない。あらかじめ成功することが約束されたこの「実験」の成果を口実にして、かつて「やむを得ない措置」といわれたはずの排除は常態化し、広がっていくかもしれないのだ。

42　杉田敦『境界線の政治学』岩波書店、2005 年、x 頁.

第9章 支援する根拠について[1]

1. バックラッシュの気配

　2008年の世界金融危機の際、製造業で働く南米日系人派遣労働者が「派遣切り」に遭う様子がマスメディアで報道されるなど、外国人住民の困窮が社会問題となった。2009年1月に内閣府に定住外国人施策推進室が設置され、同年4月には定住外国人施策推進会議が1. 教育対策、2. 雇用対策、3. 住宅対策、4. 防災・防犯対策、5. 帰国支援、6. 国内外における情報提供、7. 推進体制の整備といった支援策をまとめた[2]。このうち教育対策では文部科学省が国際移住機関に委託し「定住外国人の子どもの就学支援事業」が開始されたほか、外国人児童生徒等に対する日本語指導等に対応した教員の加配のための予算が計上された。また雇用対策では、政府の緊急雇用創出事業のなかに外国人離職者支援が位置づけられたほか、ハローワークへの通訳の配置、定住外国人への向け研修の充実などが実施された。また厚生労働省は2009・10年度に、帰国を希望する日系人離職者とその家族に対して帰国支援金を支給し、約2万人が出国した[3]。帰国支援事業については批判もあったが、

---

[1] 本章は、塩原良和「多文化社会における『つながり』の重要性と自治体政策の役割」東京外国語大学多言語・多文化教育研究センター編『地域における越境的な「つながり」の創出に向けて―横浜市鶴見区にみる多文化共生の現状と課題』東京外国語大学多言語・多文化教育研究センター、2011年、11-20頁に大幅な加筆修正を加えたものである。転載を許可してくださった同センターに御礼申し上げたい。
[2] 「定住外国人支援に関する対策の推進について」（平成21年4月16日　定住外国人施策推進会議）.

政府が不況によって困窮している多くの外国人住民の存在を認識し支援しようとしたこと自体は評価できる。

だがこうした「緊急」の状況では、マジョリティ国民の多くもまた窮地に追い込まれる。それゆえ一時的にマイノリティへの公的支援は拡大するかもしれないが、その反動（バックラッシュ）もまた誘発されやすい。「派遣切り」がまず日本人非正規雇用労働者の危機として認識されたように、2000年代後半の日本社会では日本人住民のあいだにも社会的格差の拡大や雇用の不安定化などに対する不安が拡大した。こうした状況において、外国人住民に対する支援は「日本人ですら苦労しているのに、なぜ外国人をことさら特別扱いして支援する必要があるのか」という批判の引き金にもなりうる。こうした「逆差別」批判は、多文化主義的な考え方に基づいて移民・外国人支援政策を実施している先進諸国では頻繁に見られる[4]。日本でも、同和対策に対する反発[5]や保守派による在日外国人批判などに類似の状況が観察される。

しかも2011年3月の東日本大震災以後、外国人住民支援・多文化共生施策をめぐる情勢は不透明さを増した。震災によってナショナリズムが高揚し、原発事故が社会全体に不安を投げかけ、震災復興や原発事故対策に巨額の公費が投入されるなか、「この非常時には政府は外国人よりも日本人の支援を優先すべきであり、外国人を切り捨てる結果になってもやむを得ない」という言説が影響力を増す事態も予想される。また金融危機や大震災の後、外国人登録者

---

3 内閣府ウェブサイトより（http://www8.cao.go.jp/teiju/suisin/jokyo.html 2011年11月5日アクセス）
4 人々をこうしたバックラッシュに駆り立てる過程の精神分析的な解釈として、以下を参照。ガッサン・ハージ（保苅実・塩原良和訳）『ホワイト・ネイション―ネオ・ナショナリズム批判』平凡社、2003年. ガッサン・ハージ（塩原良和訳）『希望の分配メカニズム―パラノイア・ナショナリズム批判』御茶の水書房、2008年.
5 鍋島祥郎『ハイスクールウォーズⅡ 見えざる階層的不平等』解放出版社、2003年、8-11頁.

数は減少した（第1章参照）。日本を離れる外国人のなかには、事態が落ち着けば再び日本に戻ってくる人も少なからずいる。にもかかわらず、こうした外国人住民をメディアが誇張して報道し、「外国人はいざとなったら日本を捨てる」というイメージが広がれば、「外国人住民は定住化し、地域の一員として日本人と共存しようとしている」という外国人住民支援・多文化共生施策の前提であったイメージが揺らぎかねない。

　バックラッシュとは特定の経済状況下にのみ起こる一時的な現象ではない。第7章で論じたように、リスク社会（序章参照）を生きる私たちは存在論的不安を感じやすくなっている。そして第7章で論じたように、そうした状況に耐えられず、マイノリティをスケープゴートにして「流される不安」から逃れようとする人々が少なくない。バックラッシュとは、特定のマイノリティをこうした不安の元凶として攻撃することで己の不安を鎮めようとする行為であり、グローバリゼーションの拡大と不可分に結び付いているのだ。また米国の政治哲学者ナンシー・フレイザーが指摘しているように、従来の公定多文化主義（フレイザーのいう「主流の多文化主義」）はマジョリティからのバックラッシュを誘発しやすい。彼女にすれば、それはマイノリティ-マジョリティ間の政治経済的な不平等構造を変えることなく、積極的差別是正措置（アファーマティブ・アクション）などの手法でマイノリティの高等教育への進学者数や職場への雇用を確保しようとする。こうした対症療法はマイノリティとマジョリティ間の差異をかえって強調してしまい、マイノリティの要求を「もっともっと要求する欠乏を抱えた貪欲な者として印付ける」結果となり、マジョリティ側のバックラッシュを誘発してしまうのだ[6]。

6　ナンシー・フレイザー（仲正昌樹監訳）『中断された正義―「ポスト社会主義的」条件をめぐる批判的省察』御茶の水書房、2003年、46頁．

しかも前章で論じたように、バックラッシュに基づくマイノリティへの差別や暴力は「やむを得ない措置」として社会的に容認されてしまうことすらある。

　日本でも、すでにインターネット上などを中心に外国人排斥の動きが活発化する兆しがあり、外国人住民支援施策に対するバックラッシュが今後顕在化する事態も起こりうる。そうなる前に「外国人住民支援・多文化共生施策はなぜ、いま推進されなければならないのか」という問いを再考し、その根拠となる論理をあらかじめ確立しておくことが必要だ。そのことが、バックラッシュの主張がインターネットの外側で影響力を高めるのを防ぐことにもつながる。もちろん、この問いへの究極の答えとして、すべての人間には国籍や出生地に関わりなく居住地を選択する自由があり、社会によって庇護される権利があるという普遍的人権・人道主義を軽視するわけにはいかない。しかし、これは難民の受け入れやマイノリティの権利擁護の重要な根拠であるものの、移民・外国人受け入れの議論においては、国益を優先する世論や政治の前ではその影響力は不十分であることも否めない。それに対してすでに前章で、この問いに対するもうひとつの答えを導き出した。それは、「マイノリティの排除が容認される社会では、ゆくゆくはマジョリティの排除も容認されかねないがゆえに、マイノリティの排除を許すべきではない」というものであった。しかしこれだけでは「それがマジョリティの排除に波及しない程度であれば、マイノリティの排除は許される」という反論を許すことになるだろう。それゆえ、マイノリティが社会的に排除されるのを許容しない、より積極的な理由が必要だ。

　こうした積極的な理由としてしばしば用いられるのが、「移民・外国人は国民社会の利益に資するから受け入れるべきだ」という功利主義的な論理である。しかし第6章で論じたとおり、この論理

はネオリベラル多文化主義と結びついており、「国益に反する移民・外国人は排除してよい」という論理の裏返しであるがゆえに多文化主義・多文化共生の理念に重大な問題をもたらす。そこで本章では「この経済状況のなか、日本人ですら苦労しているのに、なぜ外国人をことさら特別扱いして支援する必要があるのか」という予想しうるバックラッシュの主張の先回りをするかたちで、ネオリベラル多文化主義的発想から距離を置きつつ、人権・人道主義的立場を補強しうる多文化共生・外国人住民支援の正当化の根拠を考えてみたい。

2．「日本人」と「外国人」の二項対立的思考

　戦後日本の経済成長を支えた日本的雇用慣行は、大企業において正規労働者を新卒一括採用して企業内訓練によって養成し、年功制の給与体系によって定年まで雇用し続けるモデルであった。しかし中小企業間では労働者の転職率が高く、大企業からの労働者の移動の受け皿にもなっていた反面、中小企業から大企業への入職経路は閉ざされているという二重構造があった[7]。さらに大企業においても、正規雇用者の労働市場の外側にはパートタイマーやアルバイト、日雇い労働者、業務請負業といった非正規雇用の労働市場が存在し、労働力需要の増減などに対応して人件費を抑制する役割を果たしてきた[8]。

　1990年代になって増加してきたニューカマー外国人労働者は、主にこうした非正規雇用や中小企業に参入していった。多くの外国人労働者は恒常的な人手不足に悩む中小零細企業や、製造業やその下請け、孫請けの請負・派遣労働者として働いた。なかでも1980

7　田端博邦『グローバリゼーションと労働世界の変容―労使関係の国際比較』旬報社、2007年、283-284頁.
8　梶田孝道他『顔の見えない定住化―日系ブラジル人と国家・市場・移民ネットワーク』名古屋大学出版会、2005年、163-185頁.

年代末から増加した日系人の多くは業務請負労働者として働き、そして規制緩和以後は派遣労働者となった[9]。ただしこの時期、外国人労働者はいわゆる3K職種における日本人労働者の不足を補完していたため、日本人労働者と直接競合することは少なかった。だがバブル崩壊以後、大企業も不景気での生き残りのために人件費を厳しく抑制するようになると、失業や採用抑制などで正社員の割合は減少して非正規雇用労働者が急増した。その結果、3K職種にも再び日本人労働者が参入するようになった。ただし、外国人労働力への需要そのものがなくなったわけではなかった。状況の変化に対応して安価な労働力を確保するためには、選択肢が多様であったほうが企業にとっては好都合だからである。こうして「日本人が3K職場に戻るのと同時に、日本企業が外国人労働者を活用する仕方も変化してきた。バブル期まで人手不足の解消手段として用いられていたものが、労働市場に戻ってきた日本人をも含めた選択肢の一つになったのである」[10]。その結果、日本人非正規労働者と外国人労働者は同じ労働市場のなかで競合するようになった。逆にいえば、非正規労働市場のなかで競合する日本人も外国人も、不況の際には企業による人件費の抑制のためのリストラの対象になることに変わりはない。それが、2008年の金融危機の際に起きたことであった。

　いっぽう地方自治体・市民活動主導で進められてきた日本の外国人住民支援施策は、ニューカマー外国人を日本語能力や必要な生活情報へのアクセスが不足しており、多様な生活課題を自力で解決することが困難な社会的弱者と想定してきた。だがそこには、「困っている、かわいそうな外国人を助けてあげる」というパターナリズムのまなざしが結果として存在していたことも否めない。もちろん、

9　同上書、164-166頁.
10　同上書、66-71頁.

多文化共生概念に潜むパターナリズムの問題性は従来から認識されていた。その結果、2000年代に進められた多文化共生の概念規定をめぐる議論では、外国人を日本人と対等な住民として受け入れて社会参加を促すエンパワーメントの側面が強調されるようになった。こうした議論において影響力をもったのが、総務省が2006年に公表した『多文化共生の推進に関する研究会報告書』である。英語圏の「多文化主義」論に精通した社会学者らも作成に加わったこの報告書では、地域における「多文化共生」を「国籍や民族などの異なる人々が、互いの文化的ちがいを認め合い、対等な関係を築こうとしながら、地域社会の構成員として共に生きていくこと」と定義し、そうした対等な関係を築くための支援を提唱した[11]。総務省はこの報告書に基づき地方自治体の取り組みを促した。こうして多くの自治体で多文化共生施策に関する指針が策定されることになった（第1章参照）。

しかし2008年の金融危機は、こうしたエンパワーメント概念の限界も露呈させることになった。それが改めて示したのは、企業が危機的状況に陥った場合、日本人であろうと外国人であろうと非正規労働者は真っ先に切り捨てられるという現実であった。確かに外国人労働者のほうがより不利で脆弱な状況にあるとはいえ、企業からみればそれは「程度の差」でしかない。グローバル市場における競争の激化がもたらす企業へのコスト削減圧力は、非正規労働市場で働く日本人と外国人の両方に影響を及ぼしている。

この「日本人と外国人の両方が困っている」という状況こそが、従来の多文化共生が強調してきたエンパワーメントの論理の正当性を揺るがす。パターナリズムを乗り越えようと多文化共生論が強調し

11　総務省『多文化共生の推進に関する研究会報告書』2006年、5頁．

てきたエンパワーメントの論理も、「日本人」と「外国人」を厳然と区別し、前者を「マジョリティ＝社会的強者」、後者を「マイノリティ＝社会的弱者」として二項対立的にカテゴリー化する前提をパターナリズムと共有しているからだ。この前提ゆえ、エンパワーメントの論理もまた「日本政府は外国人への支援よりも日本人への支援を優先するべきだ。なぜならば日本は国民主権の国家であり、有権者は外国人ではなく日本人なのだから」というナショナリズムによって正当化されたバックラッシュの主張に対して、十分な説得力をもって反論しえない。多文化共生・外国人住民支援政策の根拠を確立していくためには、「日本人」と「外国人」を二項対立的にとらえる視点そのものを問い直し、乗り越えていく必要があるのだ。ただしそれは「外国人」を「日本人」に同化させることではなく、「外国人」がある特定の差異にもとづいて「日本人」から区別され、社会のなかでより劣位に位置付けられていくプロセスに目を向けるということである。

3．日本人と同じに見える子ども

　「日本人」と「外国人」の二項対立的発想を乗り越えた多文化共生概念について考察するために、「外国につながる子ども」（外国にルーツをもつ子ども）に注目してみる。移住者とはそもそも複数の文化を生きるハイブリッドな存在であるが（第3章参照）、とりわけ子どもたちは成長の過程で親から継承した文化要素と、自分が育った社会の支配的文化のあいだで揺れ動きながら育っていく。しかし現代の日本においては、そうした状況は子どもたちの進路や人生展望にとってかならずしも有益には働かない。

　私は川崎市川崎区および横浜市鶴見区における、外国につながる子どもたちへの学習支援活動に大学生とともに参加し、継続的な観

察を行ってきた[12]。こうした活動はエスニシティも滞日年数も多様な子どもたちを対象としている。

　外国につながる子どもの学習意欲や学力達成は、親の収入、転職、日本語能力や教育に対する意欲、日本の教育制度に関する情報の多寡など、家庭の要因に大きく影響される[13]。ここで注目したいのは、日本で生まれたり幼少期に渡日したりして、親の母語より日本語のほうが流暢であるのにもかかわらず、学習支援を必要とする子どもが数多く存在することである[14]。新渡日の子どもは日常生活言語としての日本語は比較的短期間で習得するが、学習で使用する日本語の習得には時間がかかり、その結果学力が低迷する傾向があることはよく知られている[15]。だが日本で生まれ育った子どもに関しては、こうした説明は適用しにくい。事情に精通していない日本人からみれば、こうした子どもは「日本語を不自由なく話せるのだから、日本人と同じ」に見えてしまう[16]。なぜ「日本人と同じに見える」低学力の子どもに支援が必要なのかという疑問に、日本人と外国人の二項対立にとらわれていては答えることができない。

12　川崎区および鶴見区の外国人住民支援団体の協力のもと、2009年度からこうした試みを続けている。大学のゼミや演習として大学生が定期的に学習支援教室に通い、子どもたちに勉強を教える。筆者は教室を運営するスタッフやボランティアへのインタビューを行ったり、人手が足りないときは子どもたちに勉強を教えることもある。実施期間や日数は年度によって異なるが、年間4～6か月、およそ週1～2回（1回約2～3時間）程度である。
13　宮島喬・太田晴雄編『外国人の子どもと日本の教育―不就学問題と多文化共生の課題』東京大学出版会、2005年、8-9頁.
14　私が学生とともに支援活動に関わっている、横浜市鶴見区のある公立小学校には、そうした子どもたちが多数在籍している。なおこうした子どもたちについては以下も参照。かながわ国際交流財団編『日本生まれの外国につながる子どもたち―どうやってサポートすればいいの？』2011年.
15　太田晴雄「日本的モノカルチュラリズムと学習困難」宮島・太田編前掲書、61頁.
16　筆者は2008年度以来、教員として毎年約10人～30人の大学生を横浜市・川崎市の外国人児童生徒への学習サポートボランティアに送り出してきた。参加後の振り返りでは、学生からは「かれらは日本語も話せるし、日本人と変わらないのではないか」という感想がしばしば聞かれた。

こうした「日本人と同じに見える子ども」の低学力は、家庭の経済状況および言語・文化・教育資本の観点から説明できる。筆者が観察した事例では、低学力に悩む外国につながる子どもの親の職業は低賃金・不安定職種に偏在している。そうした家庭では両親が夜遅くまで働いていて子どもの世話が不十分であったり、再婚した外国人親の連れ子であったり、親とのあいだにコミュニケーションの困難やアイデンティティの葛藤を抱えている事例も多い。こうした複雑な家庭環境で多感な時期を過ごす子どもが、学習意欲を維持するのは容易ではない。また親が日本語で絵本を読み聞かせたり小学校の宿題の手伝いをしたりすることができないことも、外国につながる子どもたちにとっては不利となる。高校受験期になると、日本の受験制度に関する情報が親に伝わっていないこともある。また、子どもがどの学校を目指すことが望ましく、そのために親がどのように子どもに接し、どのような準備をさせればよいのかといった、日本の「受験文化」のハビトゥスを親が保持していないのは、子どもの受験勉強や学習意欲にとって不利である[17]。つまりこうした家庭では、親たちの母語・母文化を日本の教育制度における子どもの学力達成に有利な資本に転換できないというミスマッチが生じている。

4．社会関係資本としての「つながり」

　また学習支援の現場でしばしば指摘されるのが、外国につながる子どもたちにとっての「ロールモデル」の不在である[18]。子どもた

17　筆者がフィールドワークを行った団体を含め、東京都や神奈川県の多くの外国人住民支援団体が外国人の親を対象にした中学・高校受験ガイダンスを実施している。しかし、単純に学校の偏差値や試験方式を伝えればよいわけではない。たとえばある支援者によれば、生徒の進路を決めるための学校での三者面談の際、日本人の親であれば理解可能であろう教師の物言いの微妙なニュアンスを外国人の親が理解できず、その結果子どもの学力や適性に合わない学校を受験させてしまう場合があるという。

ちの周囲には、日本の高等教育に進学した経験のある年長者は非常に少ない。その結果、子どもたちは進路や将来についての具体的なイメージをもちにくく、それが学習意欲の停滞につながっている。それゆえ外国につながる子どもたちと身近に交流し、彼・彼女たちが将来へのビジョンを形成する際にメンターの役割を果たす大学生や若い社会人の存在が貴重になる。私の関与した聞き取りや参与観察においても、多くの支援者がこうしたメンターの重要性を指摘した。支援者たちのあいだでは、子どもたちと同じ境遇を経験した外国生まれの（できれば同じエスニシティの）若者が大学に進学して安定した職業に就き、子どもたちのメンターになることを望む声が大きかった。ただし現状では、無料・低額ボランティアの学習支援教室に通う子どもの家庭は低所得・不安定所得である場合が多く、その出身者で大学に進学し、日本人学生と同じ経路で就職できる者は少ない。

　他方、私が川崎区の支援団体との協働によって大学生とともに行った実践では、学習支援教室で外国につながる子どもを指導するボランティアやアルバイトの「日本人」大学生もメンターになりうることが観察された[19]。外国につながる子どもたちは、たとえ日本で生まれたり日本語が流ちょうであったりしても、日本の大学に通った経験をもつ人と知り合う機会が少ない。したがって子どもたちと「日本人」大学生との「つながり」の形成を促すことは、子どもたちが自分の人生の可能性を実現していくうえで重要な経路となりうる。

　こうしたつながりの形成は、子どもたちが活用しうる社会関係資

18　たとえば田房由起子「子どもたちの教育におけるモデルの不在―ベトナム出身者を中心に」宮島・太田編前掲書、155-169 頁を参照。
19　塩原良和・原千代子「外国人住民支援現場と大学教育の『協働』の可能性―川崎市ふれあい館を事例に」『PRIME』（明治学院大学国際平和研究所）33 号、2011 年 3 月、47-62 頁.

本（social capital）の創出と言い換えることもできる[20]。ロバート・パットナムは社会関係資本を「結束型」と「橋渡し型」に区別する。前者は集団の構成員内部の互酬性を強化する傾向があるのに対し、後者は外部資源との連携や情報の交流を促進し、人々のあいだにより広い範囲でのアイデンティティ・互酬性をもたらす[21]。ロールモデルの例でいうと、同胞のメンターは結束型・橋渡し型の双方の側面を持ちうるのに対し、日本人大学生のメンターは橋渡し型の社会関係資本を強化する。結束型社会関係資本は同胞を団結させ、外国につながる子どもの居場所の形成を助け、自尊心の回復やアイデンティティの安定をもたらす。これが重要なのは言うまでもないが、日本社会とのつながりを十分にもてずに狭い人脈や人生展望のなかで生きることを余儀なくされている子どもたちにとって、橋渡し型社会関係資本も日本社会で生きる自らの人生の意味を肯定的に解釈し、ライフチャンスを拡大していくために不可欠である。それゆえ支援においては団結型が生み出す「内へのつながり」と、橋渡し型がもたらす「外へのつながり」を同時に促進していくことが重要である。

5．社会的包摂という共通の課題

　以上のような知見は特に目新しいものではない[22]。だがここで強調したいのは、親の母語の問題は別としても、家庭における経済・

20　社会関係資本はさまざまなアプローチから研究されているが、代表的論者であるパットナムは社会関係資本を「個人間のつながり、すなわち社会的ネットワーク、およびそこから生じる互酬性と信頼性の規範」と、リンは「人々が何らかの行為を行うためにアクセスし活用する社会的ネットワークに埋め込まれた資源」と定義する。ロバート・D．パットナム（柴内康文訳）『孤独なボウリング―米国コミュニティの崩壊と再生』柏書房、2006 年、14 頁．ナン・リン（筒井淳也ほか訳）『ソーシャル・キャピタル―社会構造と行為の理論』ミネルヴァ書房、2008 年、32 頁．
21　パットナム前掲書、19-20 頁．
22　太田前掲論文を参照。

文化・社会関係資本の不足やミスマッチはエスニック・マイノリティではない子どもにも起こりうることである。実際、それらは近年の日本の学力格差の拡大の要因とされる[23]。たとえば苅谷剛彦は現代日本の児童生徒たちのあいだで「やる気」と「努力」における階層間格差が拡大しており、なおかつ社会的下層家庭の児童生徒のあいだで、将来について考えてあくせく勉強することを止めることが自己肯定につながる傾向（インセンティブ・ディバイド）が見られると分析する[24]。学力格差は学歴をつうじた社会階層の固定化に直結することで、日本における社会的排除[25]の拡大という問題の一端を形成している[26]。つまりそれは外国人住民に特有どころか、まさに日本社会全体が直面する問題なのである。それゆえ家庭において十分な経済・教育・社会関係資本を提供されない外国につながる子どもへの支援は、同様の境遇にある日本人の子どもへの支援と同時に語られなければならない。そのためには佐藤郡衛も主張するように、日本語の習得や試験対策にとどまらない学習支援のあり方を構想する必要がある[27]。その際、文化・教育資本の不利を補填するだけの経済的資源に恵まれない家庭環境から生じる不利を補うべく、社会関係資本の形成を支援することは重要である。

　もちろん、外国人家庭は日本人に比べて弱い立場に置かれる確

23　鍋島前掲書、34-63頁．苅谷剛彦『階層化日本と教育危機―不平等再生産から意欲格差社会へ』有信堂、2001年．
24　苅谷同上書、211頁．
25　岩田正美は社会的排除を、「それが行われることが普通であるとか望ましいと考えられるような社会の諸活動への『参加』の欠如」であり、「様々な不利の複合的な経験」として個々人の人生のなかで多様な形であらわれる「排除のプロセス」であり、とりわけ空間的・制度的な排除という特徴をもつと述べる。岩田正美『社会的排除―参加の欠如・不確かな帰属』有斐閣、2008年、20-32頁．
26　苅谷前掲書、221頁．
27　佐藤郡衛『異文化間教育―文化間移動と子どもの教育』明石書店、2010年、165-172頁．

率が高いため、問題を集中的に抱え込みやすい。また親が日本語を母語としないということは、とりわけ低所得家庭の子どもたちの学力達成にいっそう不利な状況をもたらしがちである。しかしそれはあくまでも程度の差にすぎない。親の経済・文化・社会関係資本の影響によって学力達成の面で不利な立場に立たされる子どもは、外国人であろうが日本人であろうが、自分では変えようのない要因によって自己の人生における可能性を阻まれているという意味で社会的排除の状態に置かれているのだ。外国につながる子どもへの支援は、あらゆる国籍や文化的背景、所得や階層の人々が、孤立や貧困、社会的排除に苦しむことなく、自らの人生における潜在能力を発揮できる機会を公正に享受できる社会を目指す取り組みの一環でなければならない。

　ただし、外国につながる子どもの問題がすべて経済・社会的な貧困や排除の問題であり、文化の問題は重要ではないというわけではない。それどころか、文化的な問題は経済・社会的な不利に直結するがゆえに、きわめて重要である。第3・4章で述べたように、ある文化が社会のなかで承認されるかどうかは、その文化を内面化した個人の自己形成や社会参加の機会を決定づけるがゆえに、その人の経済・社会的地位に大きな影響を及ぼす。だからこそフレイザーが述べたように、マイノリティの文化的差異の「承認」と、マイノリティの社会経済的不平等を是正するための「再配分」の問題は切り離して考えることなく、その両者を同時に実現する方向性を模索しなければならない。フレイザーは、マイノリティにとって不公正な社会構造の変革がマイノリティ―マジョリティの二分法的発想の脱構築と組み合わさることで、マジョリティのバックラッシュを抑制しながらより公正な社会を目指す戦略が描けると提案している[28]。

　こうして「日本人ですら苦労しているのに、なぜ外国人をことさ

ら特別扱いして支援する必要があるのか」というバックラッシュの問いに対するもうひとつの答えが明らかになる。それは、マジョリティである日本人とマイノリティである外国人は社会的包摂の実現という共通の課題を有しており、マイノリティの差異の承認による社会的排除の解消に取り組むことで、マジョリティ国民も含めた社会全体の包摂の度合いを高めることができる、という答えである。社会全体の抱える問題を集中的に被りやすい立場に置かれたマイノリティが包摂される社会をつくることは、同じ社会に生きるマジョリティの人々の社会的包摂をより確固たるものにするのだ。

　行政は、「日本人」が支援者であり、「外国人」が当事者である、という二項対立的思考から脱却し、両者に共通の課題としての社会的包摂の達成に向けた政策を構想すべきである。そのためにも、外国人を含めたあらゆる住民が社会において等しく主体性を発揮し、自己の可能性を実現するチャンスを得るために、自治体政策が地域における国籍や民族をこえた「つながり」の形成を積極的に促進することが重要である。こうした社会関係資本の形成は、自治体政策の目的であると同時に基盤となりうるのである。

28　フレイザー前掲書、19-62頁.

第10章 コスモポリタン多文化主義
——「変わりあい」としての共生

1. 外国人住民からの呼びかけ

　前章では、社会的排除の縮小と社会的包摂の拡大は日本人と外国人に共通した社会的課題であり、外国人住民への支援もそうした課題への取り組みの一環として進められるべきであると論じた。またそうした支援を行う際に日本人が外国人住民に恩恵を施すというパターナリズムに陥らないように留意すべきだとも指摘した。しかし振り返ってみれば、そのように主張するときでさえ、私はあくまでも外国人住民を「支援の受け手」と位置付けており、日本人はどのような根拠と姿勢に基づいて支援を行うべきかを論じたにすぎない。あえてそのような議論を展開したのは、現代日本において外国人住民は未だに圧倒的なマイノリティだと私が認識しているからである。そのような状況においては、「多文化共生」というスローガンに基づく外国人住民支援が「日本人—外国人」の序列関係をかえって固定化・強化する危険を指摘するのも重要だが、それによって「支援」の意義そのものが否定されることがあってはならない。

　しかし2011年3月に起きた東日本大震災が示したのは、外国人住民がいまや単なる「支援の受け手」に留まらなくなりつつあることであった。第1章で述べたように、1995年の阪神淡路大震災で「災害弱者」としての外国人被災者の存在がクローズアップされ、多文化共生施策の必要性を多くの人々が認識するようになった。いっぽう2011年の大震災でも多くの外国人が被災したが、外国人は

単なる「災害弱者」には留まらなかった。東北地方の惨状に心を痛め、募金を行い、救援物資を被災地に届け、ボランティア活動に参加する多くの外国人住民が全国各地にいたのである[1]。そうした活動の多くは被災した同胞の人々のためだけにではなく、日本人被災者を含めた被災地全体のために行なわれた。自分たちの支援活動は「お世話になった日本人・日本社会への恩返し」であると言う人々がいた。それは自分たちの「第二の故郷」である日本で未曾有の大災害に苦しんでいる人々への、外国人住民からの共感の表明に他ならない。

　もちろん現在でも多くの外国人住民が日本社会のなかで不利な立場に置かれ、貧困や排除に苦しんでいる。にもかかわらず、日本に定住している外国人住民の少なくとも一部には、日本社会への連帯の感覚があることも確かだ。この社会の一員として、日本人と苦楽を共にしようとしている外国人住民が存在するとしたら、こうした人々の呼びかけに日本人はどのように応答していくべきなのだろうか。

2．会話と対話

　日本社会において、外国人住民はもはや日本人にとっての単なる「支援の対象」に留まらず、この社会の一員として日本人に語りかけてくる存在になりつつある。もちろん、だからといって外国人住民への支援が必要なくなるわけではない。「日本人」だから支援が必要なく、「外国人」なら支援が必要だという二項対立的発想そのものが通用しなくなりつつあるのだ（前章参照）。外国人住民とど

---

[1] この点について、私がコメンテータを務めた、かながわ国際交流財団フォーラム「神奈川の外国人コミュニティのこれから―東日本大震災と多文化共生の地域づくり」（2011年5月28日）で報告された外国人市民の方々から貴重な示唆をいただいた。

のような関係を築くにせよ、日本人たちが彼・彼女たちの声を無視することはますます難しくなっている。彼・彼女たちの声を聴き、その呼びかけに対して応答することが必要になっている。

この他者への傾聴と応答は、従来用いられてきた「異文化理解」という概念ではとらえきれない。第3章で述べたように、異文化理解の実践は自他の差異を過剰に一般化し、お互いが「分かりあったふり」をしてそれ以上の深い人間関係を築けない事態をしばしば招くからだ。こうした異文化理解も決して無意味ではないが、社会的排除の縮小や社会的包摂の拡大といった課題に取り組む動機を人々に与えるのには不十分である。ともに社会を支えていく担い手としての関係を、他者と築くことが必要とされている。

そのような関係を築くために哲学者の井上達夫が提唱したのが、「共生の作法」である。それは自己と他者の独立性を尊重しつつ、他者との関係を絶やさずに「会話」を続けることを意味する。井上は「社交」の場における人々の営為に、会話のモデルを見出す。そこで行われる会話は目的志向ではなく、ただ話し続けることに意味がある。じゅうぶんに時間をかけて会話を「たのしんで」いく営みのなかで、人は自分の主張や価値観が絶対に正しいとは限らないこと（可謬性）を知り、他者の意見を尊重し、自己の態度や主張を変容させていく[2]。この「会話としての正義」の実現こそが他者との共生をもたらすという井上の主張は、米国の哲学者クワメ・アンソニー・アッピアのいう「コスモポリタニズム」の姿勢とも共通している。アッピアによれば、自己の可謬性を認め、自己とは異なる他者のあり方を尊重し、そのような多様な個人が存在することが社会にとって望ましい状態であるとみなす倫理（多元主義）こそがコス

2　井上達夫『共生の作法—会話としての正義』創文社、1986年、193-273頁.

モポリタニズムである[3]。

　井上やアッピアの主張は、個人主義と自由主義を前提としつつ多様な他者との共生を目指す立場である。こうした自由主義的なコスモポリタニズム観では、個人は自分が心がけさえすれば、共生すべき相手と対等な立場に立つことができると想定されがちである。確かに、社交の場に俗世間での貧富の差や階層・身分の差を持ち込むことは無粋である。どのような貴い身分の人間でも、そのことを鼻にかけずに誰とでも気さくに対等に接することが上品な態度だとされる[4]。だが、そのような社交の場への参加資格はあらかじめ限定されたものであり、極端に貧乏だったり、社会的に蔑まれたりしている人間、すなわちマイノリティと呼ばれる人々はそもそも参加を許されていない。このことは、社会構造的に不平等な関係にあるマジョリティとマイノリティとのあいだで、「会話としての正義」を実現することが容易ではないことを示している。もちろん、良心的なマジョリティの人々はマイノリティの人々を寛容に受け入れ、対等な会話をたのしもうと心がけるだろう。しかしマイノリティの人々からみれば、そもそもマジョリティと対等な立場に立つのが難しいことこそが問題で、それをマジョリティとの「対話」（序章参照）によって改善していきたいのに、あなたと私は対等ですよ、さあ対等で目的のない会話をたのしみましょう、などとマジョリティ側から呼びかけられても困惑するしかない。

　こうして会話と対話はマジョリティとマイノリティの出会いの場において混在し、錯綜することになる。マジョリティの人々から見れば、会話をたのしもうとしているのにマイノリティが自分たちの

3　Kwame Anthony Appiah, *Cosmopolitanism: Ethincs in a World of Strangers*, New York: Norton and Company, 2006, pp.137-153.
4　ジンメルによる「社交」に関する議論も参照。ゲオルク・ジンメル（清水幾多郎訳）『社会学の根本問題―個人と社会』岩波文庫、1979 年、67-92 頁.

要望ばかり押し付ける（ように見える）ことに戸惑い、「せっかくこちらが対等に接しているのに、かれらは場をわきまえずに自己主張ばかりする」と犠牲者非難に走りがちになる。いっぽう解決を要する切実な課題に取り組むマイノリティの人々は、「僕たちはみんなそれぞれ違っているけれど、それも個性だよね」などと悠長なことを言うばかりで社会的不公正の存在に正面から向き合おうとしない（ように見える）マジョリティに対して、「平等だの異文化理解だのと口先ばかりで、われわれの状況を知ろうともしない」と幻滅する。共生を目指して行われているはずの相互作用が、新たな分断を生み出しかねないのだ。

3．「分かりあい」から「変わりあい」へ

　第3章でも述べたが、マイノリティの人々がときに頑ななまでに異議を申し立てるのは、そうでもしなければ自分たちの置かれた状況を改善できないと思っているからである。そうした状況をもたらした社会構造は、長い時間をかけて形成されたがゆえに短期間で変化させることは難しい。それゆえマイノリティ当事者は一向に改善しない状況と、それに鈍感なように見えるマジョリティの人々にいらだちを募らせる。いっぽうマジョリティの非当事者の多くは、過去の社会構造に端を発する問題が当事者に現在も影響を与え続けていることを想像できない。つまりマジョリティ側が過去の終わった出来事と思っていることが、マイノリティ側にとっては現在にまで続く問題だと認識されているというギャップがしばしば生じる。マジョリティの人々からみれば、マイノリティは過ぎ去った過去にいつまでも固執しているようにみえる。そして、そのような頑迷な姿勢こそが会話を妨げているのだから「過去のことは水に流し」、未来志向の関係を築けばよいではないかという。しかし、マジョリ

ティが水に流そうと思っている「過去」は、まさにマイノリティの現在に影響を与え続けていることを、マジョリティの人々は忘れがちである。マジョリティの人々に要求されるのは社会構造や歴史的文脈から切り離された会話ではなく、マジョリティとマイノリティの置かれたポジショナリティの違いと、それをもたらした過去の経緯に自らがどう連累しているかという想像力を働かせながら、共有されうる未来展望の創出に向けて対話をすることなのだ（第2章参照）。こうした対話は、自由主義的なコスモポリタニズムの射程ではとらえきれない。それが提唱する会話は確かに対等性と可謬性の自覚、そして多元主義を目指す相互作用の営為ではあるものの、まさに他者との意見や価値観の違いを尊重するがゆえに、互いの人格に干渉せず一定の距離を置く傾向が生じるからだ。その結果、自由主義的なコスモポリタニズムがもたらす自己─他者の相互変容は限定的なものにならざるを得ない。いわば、それはあくまでも表面的な「分かりあい」の関係にすぎない。こうした表面的な関係を深めていくためにマジョリティの人々に求められるのは、自分自身の社会的な位置とマイノリティに対する加害可能性に思いを致し、マイノリティの課題に正面から向き合うことなのだ。

　そのような観点から井上を批判した花崎皋平は、自分自身の「傷つきやすさ（ヴァルネラビリティ）」を自覚し、自分と同じように傷つきやすいものとして他者を思いやる「推量的想像力」を働かせる必要性を説いた（序章参照）。そのような想像力は必然的に、マジョリティ自身の価値観や態度を変えていく。さらにマジョリティが変わることで、マイノリティのマジョリティに対する姿勢や態度も変わる可能性が出てくる。こうして「分かりあい」は「変わりあい」というリフレクシブな営為へと変貌を遂げる[5]。そして私たちが推量的想像力を働かせて「変わりあう」べき他者とは、移民や外国人

といった民族的マイノリティに留まらない。グローバル化のなかで分断された現実を生きる人々、とりわけ「吹き溜まり」に落ち込みかけている、あるいはすでに落ち込んでしまった人々（第7章参照）に対して、私たちの想像力は向けられなければならない。そうした人々と関わることは、単なる「たのしい交流（「分かりあい」）」ではありえず、問題解決・現状改革志向を必然的に帯びることになる。こうして他者に対する推量的想像力にもとづく「変わりあい」は、他者との共生を実現していくための社会変革を模索する、テッサ・モーリス＝スズキのいう「批判的想像力」へと結びついていく[6]。

4．越境人から対話人へ

近年の政治・社会理論においてコスモポリタニズムを再検討する研究が目立っている。従来、コスモポリタニズムは世界市民主義などと訳され、「根無し草」的な世界共同体や世界政府の実現を目指した空想として冷笑される傾向もあった。しかもこれまで述べたように、自由主義的なコスモポリタニズムはグローバリゼーションの進展のなかで、目指すべき理想として不十分になりつつある。しかし、グローバリゼーションの進展はコスモポリタニズムに新たな意味を与えてもいる。コスモポリタンな現実はいまや目指すべき崇高な理想に留まらず、グローバリゼーションのなかで広がりつつある現実でもあるのだ。

社会理論家ジェラード・デランティは、コスモポリタニズムをいくつかの思潮に区別する[7]。カントと啓蒙主義を起源とする「法的

5　この「変わりあい」において、まず変わらなければならないのはマジョリティの側であり、マイノリティに対して「変われ」と強要する権利は誰にもないことは強調しておく。
6　テッサ・モーリス＝スズキ『批判的想像力のために──グローバル化時代の日本』平凡社、2002年.
7　ジェラード・デランティ（佐藤康行訳）グローバル時代のシティズンシップ──新しい社会理論の地平』日本経済評論社、2004年、97-131頁.

コスモポリタニズム」は、リベラリズムにもとづき主権国家間関係を規制するコスモポリタンな法、すなわち国際法の構築を目指すものであった。それゆえそれは世界政府の樹立を目指すというよりは主権国家間の関係を前提とする「コスモポリタンな立憲主義」の構想であった。しかしグローバリゼーションの進展により国民国家の自律性が低下すると、グローバルな社会運動や NGO が国際政治の新たなアクターとして注目されるようになった。インターネットに象徴される世界的な情報ネットワークの拡大も、こうした脱国家的アクターの活動をますます活発化させている。こうして成立した「グローバルな市民社会」では「グローバルなガバナンス」[8] のあり方が現実的な課題になる。これをデランティは「政治的コスモポリタニズム」と呼んでいる。

　グローバリゼーションの進展によって世界に普遍的な価値観が普及しているのは確かである。しかしそれと同時に、「グローカリゼーション（土着化）」が文化のハイブリッド化を推進し、文化が国境をこえて混ざり合い、ハイブリッドな文化を創りだしていく傾向もみられる（第 4 章参照）。それゆえ現状では、「文化的コスモポリタニズム」とは単一の世界共同体の出現というよりは、ローカルな共同体が国境をこえる「トランスナショナル・コミュニティ」の活性化である[9]。あらゆる文化やアイデンティティは混合の産物であり、そのような混合によってあまねく満たされているという意味で普遍的な世界に私たちは生きている。そして国や文化の境界を越えて侵入してくる移民やマイノリティによって、社会は「コスモポリタン的混合」の度合いを増していく。そこに生きる人々はハイブリ

8　D. ヘルド／A. マッグルー（中谷義和・柳原克行訳）『グローバル化と反グローバル化』日本経済評論社、2003 年.
9　デランティ前掲書、122-125 頁.

ッドな存在として、自らの民族・文化的ルーツとグローバルな文化への帰属を両立しうる。アッピアは、これからの社会に生きる個人は国や文化を自由自在に越境し、自文化の純粋性に固執することなく他者を受け入れるべきだとする[10]。ハイブリッドな文化的差異やアイデンティティを抱えながら差異を受け入れる姿勢をもつ「越境人」たちによって構成される世界こそ、アッピアが理想とするコスモポリタニズムである。

　だとすると、コスモポリタニズムの体現者になるためには、そのような越境を行える財力や教養、人脈があればあるほど良いということになる。すると疑い深い人は次のように考えるだろう。なるほど、トランスナショナル・コミュニティは世界政府・世界共同体の高邁な理想というよりは、私たちがグローバリゼーションのなかで既に経験している現実の一部なのかもしれない。しかしこの現実とは結局、国境を越えて活躍する一握りの人々、すなわち世界を自分たちの「庭」とするグローバル・マルチカルチュラル・エリートたちの現実にすぎない。コスモポリタニズムとはしょせん、エリートたちによる世界支配、ネグリとハートのいう「帝国」を正当化するイデオロギーに過ぎないのではないか（第6章参照）。

　国や文化の境界を自由自在に越境する人々は、多様化な文化的経験に対して開かれた態度をもちやすいのは確かかもしれない。しかしジョン・トムリンソンも指摘するように、こうした文化的態度をもっていたからといって、グローバルな社会問題やそのなかで他者の置かれた不公正な現実に関心を抱くとは限らない。むしろ「全体的に無関心なままで、新しい文化的経験に対する自分の興味だけを追い求めながら……ただひたすらに移動を続けるという生き方」を

10　Appiah, op. cit., pp.101-113.

することもできる[11]。

　したがって、世界を自らの「庭」となすグローバル・エリートたちは、それだけでコスモポリタンであるとはいえない。自宅の庭がいくら広大だったとしても、庭の中にいる限り、自分たちの勝手知ったる現実の外側に一歩も出ていないからである。庭先で、気心の知れた隣人たちとワインか紅茶でも飲みながら会話しているだけでは、庭の敷地を囲う高い塀の外側で生きる人々の現実に思いが至ることはない。グローバリゼーションの時代におけるコスモポリタンとは、物理的な意味で頻繁に移動する「越境人」のことではないのだ。庭にぽっかりと開いた穴を塞いでしまう前に、穴の底に広がる別の世界をのぞき込み、その住民たちの目を見据えてその声を聴こうとして初めて、その人はコスモポリタンになることができるのではないか[12]。コスモポリタンになるためには、他者の生きる現実への想像力が不可欠なのである。そのためには自己の可謬性を知り多元主義を実践する「分かりあい」では不十分であり、自己の加害可能性と受苦可能性を自覚し、その痛みを感じながらもなお他者と向き合い自分を変えていく「変わりあい」の関係に勇気をもって入っていくことが必要である。この世界に自分と無関係な他者など存在しないという認識をもち、にもかかわらず自分の生きる現実とは異なる現実に生きる他者がいることを知り、そうした他者たちとの対話を試み、そこから自分の生き方を変えていける人々、すなわち「対話人」こそが、現代におけるコスモポリタンに他ならない。現代におけるコスモポリタニズムとは、他者との対話を通じて自己をリフレクシブに遂行する生き方なのである。

11　ジョン・トムリンソン（片岡信訳）『グローバリゼーション──文化帝国主義を超えて』青土社、2000年、323頁.
12　第7章も参照.

5.「居場所」を共有する他者

 そうだとしても、人はどのようにして自分を変えていく勇気をもつことができるのだろうか。人は自らの生活に余裕と自信がなければ、痛みをともなう他者との対話などにわざわざ乗り出さないのではないか。「対話人」としてのコスモポリタンという理想など、しょせんエリート向けの道徳観念、ノブレス・オブリージュの主張なのではないか。それは、ただのエリートではなく道徳的に優れたエリートになれという倫理観にすぎないのだろうか。

 だがいっぽうで、異なる他者との接触の増大という状況が、グローバリゼーションによってますますありふれたものになりつつあるのも確かだ。国民社会の多民族・多文化化の進展は、ごく普通の人々が日常生活のなかで異なる民族や文化をもつ他者と出会い、対立・交渉を繰り返すなかで共存を目指して対話するという経験をますます一般的なものにしている。こうした経験をオーストラリアの社会学者アマンダ・ワイスらは「日常的多文化主義(日常的コスモポリタニズム)」と呼ぶ[13]。この日常的な対話は、必ずしも相手と「仲良くなる」ことを目的としない。仲の悪い隣人どうしでも対話は可能であり、対話をするためには仲良くならなければならないというわけではない。他者との親密性の形成は対話の必要条件ではないのだ。また、共通の言語を話せなければ対話ができないというわけでもない。片言の言葉や身振り手振りなどでコミュニケーションをとっている者どうしが、共同作業をするうちに相手への理解を深め、より堅固な協力関係を築こうとすることもある。また、ある出来事が起こったとき何も語らずに沈黙を共有することこそが、何かを語るよりもはるかに「対話」をもたらすこともある。そのような日常

---

13 Amanda Wise and Selvaraj Velayutham eds., *Everyday Multiculturalism*, New York: Palgrave Macmillan, 2009.

の一場面を、多くの人が経験しているはずだ。

「対話人」としてのコスモポリタンであるために根本的に重要なのは、親密性の形成でもコミュニケーション手段の精緻化でもなく、自分たちが日常生活のなかで他者と「居場所」を共有しているという感覚なのではないだろうか。自分たちの居場所を大切に思えばこそ、私たちは居場所を共有する他者たちと対話の関係に入ろうと努力するからだ。もちろん、こうした「居場所」における対話は、それ自体はささやかなもの、身も蓋もないものにすぎないことが多い。それゆえデヴィッド・ハーヴェイも指摘したように、従来のコスモポリタニズムの思想のなかで「場所」の重要性は軽視されてきた。特定の場所にこだわることは束縛と同一視され、場所から解放されることこそコスモポリタニズムの出発点だとされてきた[14]。しかしコスモポリタンを「越境人」ではなく「対話人」と定義するならば、むしろ居場所を共有する他者との日常的な対話の積み重ねこそが「対話人」への出発点になる。

もちろん、これまで本書で論じてきたように、グローバリゼーションが私たちにもたらす不安は他者への想像力を被害妄想に変え、マイノリティを排除することへの誘惑も引き起こす。にもかかわらず、私たちには自分と居場所を共有する他者と対話の関係を構築する必要がある。なぜなら多くの人々にとって、グローバリゼーションとは自分たちの居場所に絶えまなく新たな他者が入り込み、追い払おうとしても決して逃れられなくなることを意味しているからだ。ヘルマス・バーキングを引用しつつトムリンソンが指摘しているように、そのような状況では「自己アイデンティティを確立できるかどうかが、他者との関係に対する再帰的な意識を高めることができ

14　David Harvey, *Cosmopolitanism and the Geologies of Freedom*, New York: Columbia University Press, 2009, pp. 166-201.

るかどうかにかかっているのである」[15]。こうしてコスモポリタニズムとは単なる道徳観ではなく、私たちの実存に関わる概念となる。私たちが他者と対話し、社会を変えていかなければならないのは、そうしなければ私たち自身がこの社会に居場所を保つことができず、自己を実現できないからである。私たちは「対話人」になるべきなのではない。私たちは「対話人」であり続けなければ生きていけない（善き生を送れない）のだ。

6．対話と熟議

　平凡な日常のなかで育まれた他者とのこうした対話的な関係があって初めて、多様な差異をもつ人々が参加する政治共同体を構想することができる。様々に異なった人々が同じ社会の構成員として、自分たちの社会の直面する課題について合意を形成する場（公共圏）を形成していくことを、デランティは「市民的コスモポリタニズム」と呼ぶ[16]。それは、公共圏をいかにして多文化主義的に発展させることが可能かという問いかけだともいえよう。オーストラリアのカルチュラル・スタディーズ研究者であるイエン・アンによれば、従来の公定多文化主義は国民社会内部の人々が文化や価値観を共有することを統合だとみなしていた。それゆえ実際には、マイノリティの人々がマジョリティ国民に同化を迫られることもしばしばだった。しかしグローバル化し液状化する現代国家において、このような意味での国民統合を維持するのは困難である。そこでアンは「コスモポリタン多文化主義」という新たな統合の理念を提案する。それは、ある社会の「共通の価値・文化（＝標準[17]）」を定めてそれに同化するように迫るのではなく、人々

15　トムリンソン前掲書、354-356 頁.
16　デランティ前掲書、267-285 頁.

の差異を肯定する。しかしそれと同時に、異なった人々のあいだの対話を促進する。そして絶えず対話を続けていくこと自体を、人々を結びつける力としていくのである。それゆえ、現時点で疎遠な関係な他者どうしのあいだに対話の場が生み出されるように、政策・実践をつうじて働きかけることが重要である。もちろん、すべての人々が完全に対等な立場で対話を行うという理想的な統合の状態はありえないだろう。それでも、対話の回路を広げていくように努力を怠るべきではないとアンは主張する。コスモポリタン多文化主義とは、いまつながっていない人々、あるいは分断されようとする人々を、つなげていこうとする試みなのである[18]。

　日常的対話の場面とは異なり、公的な合意形成の場（狭義の「政治」）では合理的・理性的な討論が、感情や情熱よりも（少なくとも建前上は）重視される傾向がある。だがジェーン・マンスブリッジが述べたように、いかなる公的な討論の場も日常生活における異なる他者との、しばしば感情の交換をともなった対話の積み重ねのもとに成立している。マンスブリッジは日常的な話し合いと公的な討論をひと続きの「熟議のシステム」だとみなす[19]。そうだとすれば、日常生活における他者との対話を政治的な討論の場の構築に結びつける試みとは、コスモポリタニズムを日常における他者との対話の上に築かれる政治的な討論の実践として再定義することに他ならない。マックス・ウェーバーは「政治は頭脳で行われるが、頭脳だけで行

17　第4章参照.
18　Ien Ang, 2008, "Passengers on Train Australia," *Griffith Review* Vol. 19, pp.229-239.
19　Jane Mansbridge, "Everyday talk in the deliberative system," in Stephen Macedo ed., *Deliberative Politics: Essays on Democracy and Disagreement*, Oxford/New York: Oxford University Press, 1999, pp. 211-239. 以下も参照. 田村哲樹「男性稼ぎ手型家族を基礎とした福祉国家からどのように脱却するのか？―ベーシック・インカム、性別分業、民主主義」田村哲樹・堀江孝司編『模索する政治―代表制民主主義と福祉国家のゆくえ』ナカニシヤ出版、2011年、271-294頁。なお田村哲樹氏には直接お会いして、いくつかの貴重なご助言をいただいた。記して御礼申し上げたい。

われるものでは断じてない」と述べた。彼のいうように「修練によって生の現実を直視する目をもつこと、生の現実に耐え、これに内面的に打ち勝つ能力をもつこと」が政治家に必要であるならば、そのような「修練」に日常における他者との対話が含まれないはずはない[20]。

ただし、日常における対話の蓄積が自動的に政治の場における討論と結びつくわけではない。とりわけ社会・経済的に不利な立場にあるマイノリティが、公的な場でマジョリティと対等に討論することは難しい。そもそも個人が合理的・理性的に討論する能力をどれだけもてるかも、その人の置かれた経済・社会的条件に規定されるものだし、第2章で述べたように、マイノリティの直面する問題が切実であればあるほど、感情的にならずに冷静に話すことは難しくなるからだ。またそうした公共圏に「公用（＝標準）語」が設定されると、その言葉を使いこなせるかどうかで言語集団間に有利不利が生じることも確かだ。それゆえナンシー・フレイザーが主張するように、マイノリティの人々が同胞のあいだで母語を用いて自由に討議できる場を実現しつつ、そうした複数の場を橋渡しする場を構築するのもひとつの選択肢となりうる[21]。ただし、そうした橋渡しの場は公的な制度だけではなく、マイノリティとマジョリティの日常的対話の場でもなければならない。

そして何よりも重要なのは、こうした熟議の場に社会構造の分断を乗り越えてなるべく多くの人々が参加できることである。熟議の場から構造的に排除された人々がいるのならば、そうした人々を含めるように構造を変革していかなければ、私たちの居場所は善きも

20　マックス・ウェーバー（脇圭平訳）『職業としての政治』岩波文庫、1980年、102頁.
21　ナンシー・フレイザー（仲正昌樹監訳）『中断された正義―「ポスト社会主義的」条件をめぐる批判的省察』御茶の水書房、2003年、107-127頁.

のにならない。だからこそ私たちは自らの現実とは異なる現実の存在を認識し、そこに生きる人々の人生を想像し、対話を試みなければならないのだ。文化・民族的な差異に基づく不平等や、貧困や格差によって分断された現実のなかで自らのポジショナリティや連累を自覚しつつ、分断を乗り越えて対話を行い、変革のための協働と連帯のために討論すること。この作業にむきあう姿勢こそが、現代の社会変動の要請に応えうるコスモポリタンな多文化主義なのである。

　私たちの生きる日常は、この対話と変革の道へとつながっている。私たちはすでに、その入口に立っている。ただ、私たちの多くはそのことに気づいていないだけなのだ。だから「対話人」になるには特別な資質や教養などいらない。自分がもうすでに「対話人」になりつつあることに気づく。ただそれだけで良いはずである。

終　章　**怒りと対話について**[1]

1．怒らざるをえない人々

　本書を執筆しているさなかに起きた東日本大震災によって多くの人命が失われた後、生き残った被災者が立ち上がるのを助けたいという願いから、人と人との「絆」の大切さが語られた。また多くのメディアで、社会における人のつながりを復興に活かしていこうと呼びかけられた。日本社会に住むひとりとして、私自身も社会の絆、すなわち社会関係資本の重要性（第9章参照）を再認識したし、（日本人であろうとなかろうと）この社会に住む多くの人々が死者に思いをはせ、被災者とつながることを望んだことに希望を見出したい。

　しかし他方で、私を含めた多くの人々が、福島第一原子力発電所の事故をめぐる政府や東京電力の対応の不手際や情報公開の遅れにいらだち、原子力エネルギーの利用を国策としてとして推し進めたあげく、原発が立地する地域の人々や原発で働く労働者たちに犠牲を強いてきた事実に憤ったことも確かである。従来から反原発・脱原発の市民運動に従事していた人たちだけではなく、シンガー・ソングライターや俳優、実業家なども、相次いで「怒り」を表明した。しかし、そのような怒りに対して冷ややかな人々もいた。自分自身も東京電力の電気を使っているくせに「偽善」だ。自分たちが選んだ政治家が原子力利用を推し進めたことを棚に上げるのは「責任転

---

[1] 本章での議論の構想は、慶應義塾大学法学部塩原ゼミ（2011年度）に所属する学生たちとの対話のなかから生み出された。学生のみなさんに感謝したい。

嫁」だ。怒っていてばかりでは「非建設的」だ……。もっともな意見だし、全面的に否定することはできない。しかし、怒りは偽善で、責任転嫁で、非建設的である、というこうした思いこみこそが偽善で、責任転嫁で、非建設的になることもあるのだ。

　私がこのように考えるのは、多文化主義・多文化共生に関心をもつ研究者として、マイノリティの人々が怒りを表明する場面に遭遇してきたからかもしれない。本書で論じてきたように、マイノリティとは社会的に不公正な扱いをされ、不平等な立場に置かれた人々である。そのような不公正や不平等な扱いがスティグマとして内面化され、彼・彼女たちの心や体を縛りつけていることすらある。そのようなマイノリティの人々が、みずからの置かれた状況を改善するためにマジョリティの人々と対話しようとする。そうした場において、マイノリティの異議申し立てはそれが切実であればあるほど、どうしても感情的になりがちだ。第2章でとりあげた『パッチギ！』に出てくる在日コリアンの老人の叫びのように、マイノリティの異議申し立ては怒りをともないがちなのである。それゆえマイノリティと対話しようとするマジョリティの人々は、マイノリティの人々の怒りと対峙することを避けられないのだ。そのとき、マジョリティの人々はマイノリティの怒りを「偽善」「責任転嫁」「非生産的」と決めつけることができるだろうか。彼・彼女たちが怒らざるをえない原因をつくったのは私たちかもしれず、私たちは彼・彼女たちよりも社会的に優位な位置に立っているがゆえに、比較的怒らなくてもよい人々であるに過ぎないのかもしれない。そうした連累（第2章参照）を棚に上げて、怒っているマイノリティを非難するとしたら、私たちはマイノリティとマジョリティのあいだの社会的序列を「怒らなくてもいいわれわれ」と「怒らざるをえないかれら」という個人間の序列に置き換えて再生産しているに過ぎない。

2．やり場のない怒り

　もちろん、マイノリティだからといって怒りによって他人を傷つける権利があるといっているわけではない。またマイノリティの怒りのみが正当な怒りであり、マジョリティには怒る権利はないと主張しているわけでもない。マジョリティの人々も、怒りを抑えられないときがある。しかしその一方で、私たちはしばしば「怒りは何も生み出さない」と教えられてきた。怒りを抑制することができなければ、他者との建設的な関係は生まれないと思い込まされてきた。しかし、ほんとうにそうなのだろうか。

　「怒りは何も生み出さない」という主張は、怒りがもっぱら他者に対してのみ向けられるものと想定している。その場合、怒りは「暴力」をすぐさま引き起こすものとみなされがちである。確かに、怒りから他者への暴力が誘発されることは多く、それが他者との関係のみならず自己自身をも破壊してしまう事態は好ましくない。しかし、暴力とは他者に対する物理的強制力である[2]、というありふれた定義を採用するならば、暴力は定義上つねに他者に対して向けられるものであるが、怒りはそうとは限らない。「やり場のない暴力」というものは存在しないが、「やり場のない怒り」は確かに存在するのだ。あの震災の後、私たちが感じた怒りの少なからぬ部分が、まさに「やり場のない怒り」だったのではないだろうか。

　やり場のない怒りとは、怒りが他者に対して向けられることなく自己の内面に向かっていく状況である。人類学者のレナート・ロサルドは、妻のミシェルとともにフィリピンのルソン島に住む「首狩り」の風習をもっていたイロンゴット族を調査していた。ある日、

2　社会学における「暴力」概念については、たとえば以下を参照、マックス・ウェーバー（脇圭平訳）『職業としての政治』岩波文庫、1980年。アンソニー・ギデンズ（松尾精文・小幡正敏訳）『国民国家と暴力』而立書房、1999年。アルジュン・アパドゥライ（藤倉達郎訳）『グローバリゼーションと暴力―マイノリティーの恐怖』世界思想社、2010年.

彼はイロンゴット族の年配の男に、なぜ首狩りをするのかと尋ねた。

> 男が言うには、苦悩から怒りがわいてきて、そのためにどうしても仲間である同じ人間を殺さずにはいられないのだという。「自分の怒りのやり場」が必要なのだ、と彼はいう。犠牲者の首を捧げ、投げ捨てるという行為によって、自分の死別や怒りを発散し、願わくばその怒りを消し去りたいというのだ。……彼にとって、苦悩と怒りと首狩りが相伴うことは自明のことなのだ。理解できるかできないかは、別問題である。そして事実、非常に長いあいだ、わたしにはそのことがまったく理解できなかった[3]。

それから長い年月が過ぎたが、ロサルドには依然としてこのイロンゴット族の老人の言葉の意味が理解できずにいた。しかしある日、一緒にルソン島でフィールド調査を行っていた妻のミシェルが断崖絶壁から転落し、死亡してしまう。

> わたしは彼女の亡骸を見つけた直後、激怒してしまった。彼女がわたしを置き去りにしてしまうなんて。なぜ彼女は愚かにも転落してしまったのか。わたしは泣こうとした。すすり泣きはしたが、怒りのあまり、涙も出なかった。……涙の出ない喘ぎ泣きが怒りのひとつのかたちであることを、わたしは知っていた。それ以来、この怒りはさまざまなかたちで、機会あるごとにわたしを襲ったが、それは一度に何時間も何日も続くことがあった[4]。

---

3 レナート・ロサルド（椎名美智訳）『文化と真実―社会分析の再構築』日本エディタースクール出版部、1998 年、7 頁.
4 同上書、19 頁.

ロサルドの怒りは、当初は事故で亡くなったミシェルに対して向けられたものであったのかもしれない。しかしより根本的には「やり場のない怒り」であり、したがってその怒りはロサルド自身に返ってこざるを得なかった。こうして彼は1年以上、うつ状態に陥ることになる。しかし、まさに自らが「やり場のない怒り」を感じた経験によって、ロサルドはかつてイロンゴット族の老人が彼に語ってくれた、首狩りを行う理由についての話を深く理解できるようになっていた。やがて「ある日のこと、ほとんど文字通りに霧が晴れて、言葉があふれだした」。そして彼は「首狩り族の苦悩と怒り」という原稿を書き上げたのだった[5]。

　ロサルドの経験が示しているのは、怒りがリフレクシブな対話になりうるということである。前章で論じたように、対話が「変わりあう」経験を意味するのならば、ロサルドは自らの実存を揺るがすような深い怒りを経験することによって初めて、西洋中心主義的な偏見を乗り越えて首狩り族たちとの対話に乗り出すことができたのだ。

　心に深く刻みつけられるような怒りをこれまでの人生で経験したことのある人ならば、自分の怒りが他者に対して向けられていると同時に、その他者をどうしても許せない自分自身にも向けられていることに気づいているのではないか。「人を呪わば穴二つ」という格言は、他者に対していたずらに怒りを覚えることを戒めるために用いられる。しかし見方を変えれば、それは他者への怒りは必ず自己へと跳ね返ってくるという先人の知恵を示している。自分の怒りが他者だけではなく自分自身にも向けられていることを自覚し、それを受け入れる覚悟ができたとき、怒りは他者とのリフレクシブな

5　同上書、22頁.

対話を生み出す。

3．ケンカするほど仲が良い

　怒りの感情からリフレクシブな他者との対話の関係が生み出されたそのときこそ、人々は自分の怒りの理由を見つめなおし、それを変えていこうとする意志をもてるのではないか。かつてアーリー・ホックシールドは、労働者の感情が企業によって都合の良いように管理され、商品化されるありさまを「感情労働」と名付けた。彼女による調査の記述を読んでいると、企業がもっとも注意深く管理しようとした感情のひとつが怒りであったことがわかる[6]。労働者の怒りが広く共有され企業や制度そのものに向けられたとき、それが変革への大きなエネルギーへと変わるのを恐れたからに他ならない。

　いっぽうで、怒りのような激しい感情は、理性的・合理的な討論に基づく合意形成を妨げることがあるのも確かだ。しかし前章で述べたように、公的な政治の場における理性的な討論が、日常の場における、しばしばむき出しの感情のぶつけ合いをともなう対話に支えられることで、「熟議」はより豊かになりうる。それをわかりやすくいうなら「ケンカするほど仲が良い」ということである。なぜ、ケンカするほど仲良くなるということがありうるのか。それは「人を呪わば穴二つ」であることをケンカした当事者どうしが自覚するからである。つまり、相手にぶつけた怒りが自己に跳ね返ってくる経験を通じて、それぞれが自己のあり方を反省しあうことで、相互信頼の関係が強化されていくのだ。ケンカとはこのような「変わりあい」としての対話という側面をもっているのであり、このような対話のプロセスが持続する限り、ケンカと熟議は両立する。という

6　A.R. ホックシールド（石川准・室伏亜希訳）『管理される心―感情が商品になるとき』世界思想社、2000年．

より、激しい感情のぶつかりあいを経てこそ、より深い相互信頼で結ばれた熟議が可能になる。ただし、このような関係が実現するためには、そもそも両者がケンカできるくらい対等に近くならなければならない。したがって対話としてのケンカという関係を生み出すためには、他者との対等な関係の構築に向けた社会構造の変革が不可欠である（前章参照）。それゆえ「共に生きる」こと、あるいは「共に生きられる社会をつくる」こととは、他者と「ケンカするほど仲が良い」関係を目指すことだと定義できるのだ。

　もちろん、あまりにも激しい怒りは暴力を生み出し、この対話のプロセスを中断し、破壊してしまう。そのとき私たちは、かつては「変わりあう」ことのできた他者ともはや対話ができなくなったことを悲しみ、痛みを感じることだろう。そのような経験をした人にとって、私の言っていることは楽観的に聞こえるかもしれない。だが、そうであるにしても、失われた対話の経験は、暴力への憎しみと、新たな対話への欲求、そして希望を、呼び起こさずにはいられないのではないか。あまり学問的な締めくくり方になっていないかもしれないが、読者のみなさんのなかにも私の言っていることに同意してくださる方はきっといると思う。そしてそれこそが、人は他者と共に生きることができる、と私が信じる理由のひとつなのだ。

【著者紹介】

塩原良和(しおばらよしかず)

慶應義塾大学法学部教授。1973年埼玉県生まれ。慶應義塾大学大学院社会学研究科後期博士課程単位取得退学。博士(社会学)。日本学術振興会海外特別研究員(シドニー大学客員研究員)、東京外国語大学外国語学部准教授等を経て現職。専攻は社会学・社会変動論、多文化主義研究、オーストラリア社会研究。

主要業績に、『変革する多文化主義へ』(法政大学出版局、2010年)、『ネオ・リベラリズムの時代の多文化主義』(三元社、2005年)、『アジア系専門職移民の現在』(共著:慶應義塾大学出版会、2009年)、『多文化交差世界の市民意識と政治社会秩序形成』(共編:慶應義塾大学出版会、2008年)、『社会学入門』(共編:弘文堂、2010年)など。

共に生きる——多民族・多文化社会における対話

現代社会学ライブラリー 3

平成24年7月30日 初版1刷発行

著 者	塩原良和
発行者	鯉渕友南
発行所	株式会社 弘文堂　101-0062 東京都千代田区神田駿河台1の7 TEL 03(3294)4801　振替 00120-6-53909 http://www.koubundou.co.jp
装 丁	笠井亞子
組 版	スタジオトラミーケ
印 刷	大盛印刷
製 本	井上製本所

Ⓒ2012 Yoshikazu Shiobara. Printed in Japan

JCOPY ＜(社)出版者著作権管理機構 委託出版物＞

本書の無断複写は著作権法上での例外を除き禁じられています。複写する場合は、そのつど事前に、(社)出版者著作権管理機構(電話 03-3513-6969、FAX 03-3513-6979、e-mail:info@jcopy.or.jp)の許諾を得てください。
また本書を代行業者等の第三者に依頼してスキャンやデジタル化することは、たとえ個人や家庭内の利用であっても一切認められておりません。

ISBN978-4-335-50124-1

現代社会学ライブラリー

各巻平均160ページ、本体価格1200円　＊タイトル・刊行順は変更の可能性があります

【刊行予定】

1.	大澤 真幸	『動物的／人間的——1. 社会の起原』	＊既刊
2.	舩橋 晴俊	『社会学をいかに学ぶか』	＊既刊
3.	塩原 良和	『共に生きる——多民族・多文化社会における対話』	＊既刊
4.	柴野 京子	『書物の環境論』	＊既刊
5.	吉見 俊哉	『アメリカの越え方——和子・俊輔・良行の抵抗と越境』	＊9月刊
6.	若林 幹夫	『社会（学）を読む』	＊9月刊
7.	桜井 厚	『ライフストーリー論』	＊9月刊
8.	武川 正吾	『福祉社会学の想像力』	＊9月刊
9.	大澤 真幸	『動物的／人間的——2. 贈与という謎』	
10.	赤川 学	『社会問題の社会学』	
11.	佐藤 健二	『論文の書きかた』	
12.	島薗 進	『スピリチュアリティと現代宗教の変容』	

【続刊】

大澤 真幸　『動物的／人間的——3. なぜ二種類の他者（だけ）が存在するのか』
奥井 智之　『恐怖と不安の社会学』
石原　俊　『〈群島〉の歴史社会学』
大澤 真幸　『動物的／人間的——4. 脳という社会』
佐藤 卓己　『プロパガンダの社会学』
竹ノ下 弘久　『仕事と不平等の社会学』
西村 純子　『ジェンダーとライフコースの社会学』
　　　……………………
市野川容孝、内田隆三、奥村隆、北田暁大、木下直之、佐藤嘉倫、土井隆義、
藤村正之……ほか執筆予定

信頼性の高い21世紀の〈知〉のスタンダード、ついに登場！
第一級の執筆陣850人が、変貌する現代社会に挑む

現代社会学事典

2012年10月刊行予定

【編集委員】大澤真幸・吉見俊哉・鷲田清一　　【編集顧問】見田宗介

【編集協力】赤川学・浅野智彦・市野川容孝・苅谷剛彦・北田暁大・塩原良和・島薗進・盛山和夫・太郎丸博・橋本努・舩橋晴俊・松本三和夫